Research on Operation Mode, Implementation Scheme and Policy Suggestion of Market-oriented Debt-to-equity Conversion

市场化债转股
操作模式、实施方案及政策建议

胡海青　薛 萌　张 琅◎著

图书在版编目（CIP）数据

市场化债转股操作模式、实施方案及政策建议 / 胡海青，薛萌，张琅著. -- 北京 ：经济管理出版社，2025. 3. -- ISBN 978-7-5243-0151-6

Ⅰ. F830. 5

中国国家版本馆 CIP 数据核字第 2025AN2652 号

组稿编辑：申桂萍
责任编辑：申桂萍
责任印制：张莉琼
责任校对：蔡晓臻

出版发行：经济管理出版社
（北京市海淀区北蜂窝 8 号中雅大厦 A 座 11 层　100038）
网　　址：www. E-mp. com. cn
电　　话：（010）51915602
印　　刷：北京晨旭印刷厂
经　　销：新华书店
开　　本：720mm×1000mm/16
印　　张：12. 75
字　　数：229 千字
版　　次：2025 年 3 月第 1 版　　2025 年 3 月第 1 次印刷
书　　号：ISBN 978-7-5243-0151-6
定　　价：88. 00 元

联系地址：北京市海淀区北蜂窝 8 号中雅大厦 11 层
电话：（010）68022974　　邮编：100038

前　　言

深化供给侧结构性改革，务必要把经济发展的重点置于实体经济的发展当中，将提升供给侧体系的质量作为重点任务，以逐步提升我国经济质量。2017 年是供给侧结构性改革的深化之年，去杠杆是供给侧结构性改革的重要内容，更是现阶段消除金融风险隐患的重要举措。稳步、有序地推动市场化债转股项目的实施，促进去产能、去库存及去杠杆的进程，帮助国有企业改革并为供给侧结构性改革的推进提供支撑。作为国有企业“去杠杆”的重要手段，市场化债转股在市场经济的发展过程中变得非常重要。

债转股早在 20 世纪末便成为化解金融风险的重要手段，其推进了我国银行业的变革与发展。时隔 20 余年，在我国经济新常态下，中央又在全新的经济形势下再一次重启债转股项目实施试点。回归历史，上一轮债转股项目的广泛推行开始于我国四大金融资产管理公司的成立，当时资产管理公司的经营目标主要是剥离四大银行的不良资产，从技术上缓解四大银行面临的破产困境，并为企业商业化改造的推行提供了条件。因此，从本质上来看，上一轮债转股是基于政策性的集中式债转股，对转股的回收和获益没有具体的要求，大量转股最后都回收处置了，造成了大量信贷损失。作为不良资产处置、国有商业银行改革的主要措施，我国上一轮债转股在当时特定的历史时期发挥了相当大的积极作用。与当时相比，当前我国银行业面临的内外部环境已经发生了巨大变化，因而此轮市场化债转股的实施将与上一轮存在显著差异。一方面，本轮债转股的目的主要在于通过债务重组，优化国有企业治理结构，降低财务负担，以此来推动国有企业改革，助力供给侧结构性改革；另一方面，本轮债转股项目主要为市场化的分散式债转股，其实施对象、转股规模和价格等核心要素均由各参与方按照市场化的规则谈判，以“市场化”“法治化”为原则，遵循市场经济的规律和准则，是债权人将其依法享有的、在中国境内设立的有限责任公司或股份有限公司的债权转为公司股权、增加公司注册资本的一种市场行为。总的来讲，本轮市场化债转股与上一轮政策性债转股存在背景、目标等方面的实质性差别，因此在实践操作中需要更换思路、明确细节，结合我国各地区的特点提出有针对性的对策。为明确本轮市场化债转股的发展现状、操作模式与实施风险，本书基于债转股实施的情况提出了相关建议。

债转股在国内外已开展多年，全球多个国家曾经使用债转股的方式处理不良资产，并具备了较多主体机构和优质的市场结构，取得了相当不错的实施效果。就市场化债转股而言，我国已经具备较高的实施能力和良好的市场条件。2016 年，国务院发布了《关于市场化银行债权转股权的指导意见》，作为帮助各企业有序开展债转股工作的指导性方案，本轮市场化债转股的顺利开展在降低杠杆率、优化企业融资结构方面意义重大。为了进一步贯彻落实中央经济工作会议精神和《政府工作报告》的相应部署，为积极降低企业杠杆率提供平台，提升国家经济中长期发展的可能性，国务院先后出台了一系列政策、法规，以支持本次市场化债转股项目的实施与资金落地。2016 年 9 月 22 日，国务院印发了《关于积极稳妥降低企业杠杆率的意见》，对通过市场化债转股降低企业杠杆率的行为提出了要求，支持以市场化、法治化方式，以促进优胜劣汰为目的，鼓励多类型实施机构有序开展市场化债转股。2016 年 12 月 19 日，国家发展和改革委员会办公厅印发了《市场化银行债权转股权专项债券发行指引》，从发行条件、工作要求等方面对积极稳妥降低企业杠杆率提出了指导意见。2017 年是供给侧结构性改革的深化之年，国务院印发的《关于 2017 年深化经济体制改革重点工作的意见》将降低企业杠杆率作为重中之重，积极促进企业盘活存量资产，推进资产证券化，为市场化债转股提供坚实的基础。

在国家市场化债转股政策的引领下，为进一步发挥产业投资基金在本轮市场化债转股项目落地过程中的积极作用，我国各省份发展和改革委员会积极转发《国家发展改革委办公厅关于发挥政府出资产业投资基金引导作用推进市场化银行债权转股权相关工作的通知》《国家发展改革委办公厅关于进一步做好政府出资产业投资基金信用信息登记工作》，加大对市场化债转股工作的支持力度。此外，全国大量省份当年的金融工作要点突出了市场化债转股的积极作用，例如，陕西省人民政府办公厅印发的《2017 年全省金融工作要点》指出，设立总规模为 400 亿元的陕西省结构调整基金，围绕陕西省重点行业和关键领域，重点支持高端装备制造、新材料、大数据、工业技改、债转股等方面的工作。这一系列政府文件的出台，为进一步明确本轮债转股企业的市场化价格、对象等提供了基础。另外，陕西省人民政府颁布的《陕西省供给侧结构性改革降成本行动计划》《陕西省推进供给侧结构性改革去杠杆行动计划》等政策文件，为支持金融机构通过债转股、不良资产证券化等方式持有企业股权提供企业依据。此外，《中华人民共和国公司法》《中华人民共和国商业银行法》《中华人民共和国企业破产法》《中华人民共和国证券法》等相关法律条款的修订，也为本轮市场化债转股项目的实施提供了最基础的法律依据，能够充分保障市场化运作背景下债权人和债转股企业双方的利益。

结合以上背景，本书着重从债转股实施的角度出发，以债转股实施企业为目标，基于对国内外债转股的发展历程和操作模式的对比研究，针对我国债转股实施的发展现状，细化了市场化债转股政策措施，通过典型案例研究，对市场化债转股的操作模式进行分析和对比，形成可复制的经验模式，并提出实施债转股的政策建议。

本书共分为九章，第一章主要对市场化债转股实施的背景进行解读；第二章对市场化债转股的国际背景进行了分析，然后归纳了美国、波兰、日本等国家在债转股项目实施与推进过程中的主要做法及成效，总结出了不同国家实施债转股的共性和差异，这对我国政府和金融机构积极推进供给侧结构性改革、优化经济结构十分重要；第三章梳理了中国市场化债转股的开展经历，以第一轮政策性集中式债转股的背景、具体实施过程和实施效果及存在的问题为主要切入点，对比本轮市场化债转股的异同，分别基于商业银行视角和资产管理公司视角分析第二轮债转股的机遇与挑战；第四章梳理了市场化债转股的相关理论，在分析市场化债转股与供给侧结构性改革关系的基础上提出本轮市场化债转股的主要特征、含义及价值；第五章从不同层面对我国市场化债转股的政策进行解读，并指出实施过程中的政策缺失；第六章分别基于商业银行、AMC 及“两步走”视角对本轮债转股工作的操作模式、退出机制进行解读，提出项目实施过程中存在的问题及应采取的完善措施；第七章从市场化债转股实施、操作模式、参与主体及行业视角四个方面对市场化债转股在实际操作中面临的风险分别进行研究，并尝试给出行之有效的风险防控措施；第八章选择多个典型企业作为研究对象，对不同企业的发展背景、项目实施背景及进展情况展开分析，总结出相关启示；第九章基于以上分析研究，制定政策措施。

本书在研究和调研过程中得到了相关政府部门和企业的大力协助，也得到了国家自然科学基金项目（72072144；71672144；71372173；70972053）、陕西省创新能力支撑计划项目（2019KRZ007）、陕西省创新能力支撑计划项目（2021KRM183；2022KRM097）、西安市科技局软科学研究项目（21RKYJ0009）、陕西省社会科学基金项目（2019S016）、陕西省哲学社会科学重大理论与现实问题研究项目（2021ND0241）等的支持，在此表示衷心的感谢。

市场化债转股是一个极具挑战性的工作，由于研究时长的局限，加上债转股项目的涉及面较广、项目推行与资金落地期限较长，书中难免存在不足，欢迎广大读者批评指正。

胡海青

2022 年 10 月

目　录

第一章　市场化债转股实施的发展态势解读

第一节　引言

近年来，经济增速减缓，产业结构优化和升级效率较低高杠杆率的问题逐渐明显。与此同时，银行等金融机构的不良贷款总额和不良贷款率同步上升，导致不良资产处置问题加剧。针对经济方面表现出的种种问题，我国要在适度扩大总需求的同时，着力推进供给侧结构性改革，组织实施去杠杆、降成本工作，降低企业杠杆率，有序开展市场化债转股。2016 年，国务院下发了《关于积极稳妥降低企业杠杆率的意见》及其附件，提出为了落实供给侧结构性改革的目标和保证相关措施的实施，帮助发展潜力较好但短时间内资金面临短缺的企业，可以通过市场化债转股等方式增强企业可持续经营能力。这一政策的下发意味着，我国已明确市场化债转股是降低企业杠杆率的有效对策并加以使用。

作为帮助各企业有序开展去杠杆工作的重要措施之一，本轮市场化债转股的顺利开展在降低杠杆率、优化企业融资结构方面意义重大。此轮市场化债转股的实施主要基于以下社会经济背景：

一方面，由于杠杆过高及结构性问题突出等一系列因素，部分企业在较长时期里举债经营的模式问题逐渐显露出来，经营活动开展受阻，违约风险不断上升，部分负债水平较高的企业逐渐出现资产质量降低、难以承担债务等问题。中国人民银行发布的《2021 年第四季度中国货币政策执行报告》显示，2021 年末，我国非金融企业部门杠杆率为 153.7%，比上年末低 8.0 个百分点。国际清算银行（BIS）数据显示，2021 年第二季度末美国（286.2%）、日本（416.5%）、欧元区（284.3%）的杠杆率分别比 2019 年末高 31.3 个、37.1 个和 27.2 个百分点。同期，我国杠杆率为 275.9%，比 2019 年末高 19.9 个百分点，增幅比美国、日本、欧元区分别低 11.4 个、17.2 个和 7.3 个百分点。可见，近年来我国以相对较少的新增债务支持着经济较快恢复增长，宏观杠杆率增幅相对而言并不算高。国有企业资产负债率居高不下，根据我国财政部公布的数据，到 2021 年末，全国国有企业资产负债率为 63.7%，同比上升 0.3 个百分点。其中，中央企业为 67.0%，同比上升 0.5 个百分点；地方国有企业为 61.8%，同比上升 0.3 个百分点，杠杆率居高不下，使高额利息支出加剧了企业经营压力。这一现象使许多具有发展潜力、资金周转困难的优质企业受债务问题所困，不仅不能开展必要的技术产品开发更新，甚至导致其债务违约和破产风险急剧增加，这给实体经济的健康合理发展带来了严重的负面影响。

另一方面，在经济大环境不明朗、变动较多的情况下，我国银行业在管理资产质量方面压力持续增大。自 2012 年第三季度起，我国银行业不良贷款余额与不良贷款率呈逐渐同步上升态势。中国银行保险监督管理委员会公布的数据显示，截至 2021 年末，我国商业银行不良贷款余额为 2.8 万亿元，较年初增加 1455.5 亿元，增量为 2014 年以来新低；对应的不良贷款率为 1.73%，比上年末下降 0.11 个百分点，连续两年下降。关注类贷款占比为 2.31%，比上年末下降 0.26 个百分点。2021 年末，我国商业银行贷款拨备率、拨备覆盖率分别为 3.40%、196.91%，显著高于监管标准。可见，我国商业银行贷款拨备率和拨备覆盖率仍有下降空间，但下降空间逐渐变小，一些银行已逐渐靠近监管红线。根据现状分析，未来我国银行业不良率攀升等问题将不断加重，致使商业银行核销处置不良资产的压力明显上升。基于以上背景，为了降低企业杠杆率，国务院印发了《关于市场化银行债权转股权的指导意见》，进一步说明了在降杠杆工作中需要市场化债转股发挥相应的作用。

在《关于市场化银行债权转股权的指导意见》的指导下，债权人与债务人根据自身情况有针对性地选择对象进行债转股业务，在此过程中，政府的主要作用在于确立规则，依法监督，维持公平公开的市场秩序，保障债转股在市场化、法治化道路上持续稳定发展。目前，比较常见的运作方式是银行通过实施机构间

接持股。在这种方式下，银行可将不良债权转让给金融资产管理公司、金融资产投资公司、国有资本投资运营公司、保险资产投资机构四类国家批准的实施机构，最后由实施机构与对象企业进行债转股。这种运作方式虽然相对复杂，但避开了《中华人民共和国商业银行法》规定的“商业银行在中华人民共和国境内不得从事信托投资和证券经营业务，不得向非自用不动产或者向非银行金融机构和企业投资”的法律障碍，就目前市场化债转股的成功案例来看，此运作方式的可操作性较强。

开展市场化债转股能够在一定程度上降低系统性金融风险，保障金融体系稳定运行。现阶段，一些企业对市场化债转股的需求明显。例如，由于行业周期性波动，企业出现暂时周转困难，但仍有较好发展前景的企业；因负债水平较高而面临较大压力的成长型企业，其中战略性新兴产业最为明显；过度依赖于负债经营且产能需优化的行业等。然而，一些企业在开展市场化债转股过程中又遇到操作模式不明确等问题，因此开展对市场化债转股操作模式和政策建议的研究非常有必要。

为贯彻落实中央经济工作会议精神和相关政府工作报告部署，进一步保障企业杠杆率维持在合理水平，保障经济中长期稳健发展，国务院先后出台了一系列政策、法律法规来支持市场化债转股相关工作的发展与实践。2016 年 9 月 22 日，国务院印发了《关于市场化银行债权转股权的指导意见》，对通过市场化债转股降低企业杠杆率提出要求，支持以市场化、法治化方式，以促进优胜劣汰为目的，鼓励多类型实施机构有序开展市场化债转股。2016 年 12 月 19 日，国家发展和改革委员会办公厅印发的《市场化银行债权转股权专项债券发行指引》，从发行条件、工作要求等方面对积极稳妥降低企业杠杆率提出了指导意见。2017 年是供给侧结构性改革的深化之年，国务院印发的《关于 2017 年深化经济体制改革重点工作的意见》把降低企业杠杆率作为重中之重，促进企业盘活存量资产，推进资产证券化，支持市场化、法治化债转股。2018 年 1 月 19 日，国家发展改革委印发了《关于市场化银行债权转股权实施中有关具体政策问题的通知》，结合此前金融机构在实施市场化债转股中遇到的具体问题和困境，从扩大资金来源、转股债权范围、债转股企业类型和债转股模式等方面着手解决，进一步明确十项要求，着力帮助企业降低杠杆率。为了进一步破解债转股过程中所面临的难题，国家发展和改革委员会、中国人民银行、财政部和中国银行保险监督管理委员会于2019年发布《2019年降低企业杠杆率工作要点》，该政策涉及拓宽社会资本参与市场化债转股渠道、加快股份制商业银行定向降准资金使用及采取多种措施解决市场化债转股资本占用过多等问题。

在国家市场化债转股政策的引领下，各地政府投入资金设立产业投资基金，促进银行业市场化债转股，各省份积极制定相关政策，帮助市场化债转股在地区发挥最大作用。例如，《国家发展改革委办公厅关于发挥政府出资产业投资基金引导作用推进市场化银行债权转股权相关工作的通知》《关于做好政府出资产业投资基金信用信息登记工作的通知》，加大了我国对市场化债转股工作的支持力度。陕西省人民政府办公厅印发的《2017年全省金融工作要点》指出，设立百亿元的省级结构调整基金，以省级重点行业和关键领域为核心，支撑各类高端装备制造、新材料及债转股等工作的开展。为明确债转股企业市场化筛选、资金市场化聚集、价格市场化明确、股权市场化退出等机制，陕西省政府还颁布了《陕西省供给侧结构性改革降成本行动计划》《陕西省推进供给侧结构性改革去杠杆行动计划》等文件，帮助金融机构通过债转股、不良资产证券化等途径持有企业股权。另外，在辽宁、河南等一些资源性、周期性行业多，经济发展受阻较为明显的地区，省级政府为了响应《国务院关于积极稳妥降低企业杠杆率的意见》，发布了降低企业杠杆率意见和债转股指导意见支持和推动当地企业债转股。这些省级文件基本契合国务院相关文件，但也增加了一些契合当地情况的具体内容，如《重庆市积极稳妥降低企业杠杆率工作方案》《河南省人民政府关于积极稳妥降低企业杠杆率的实施意见》《安徽省人民政府办公厅关于积极稳妥降低企业杠杆率的实施意见》。这些具有地方特色的政策内容包括：①确定具体的降杠杆目标水平；②明确具体的实施机构并特别要求本地的地方银行、地方资产管理公司（AMC）和地方国有资本运营公司等积极参与本地企业的债转股；③结合地区发展要求明确阐明支持本地目标行业债转股，甚至明确支持部分企业债转股。

此外，《中华人民共和国公司法》《中华人民共和国商业银行法》《中华人民共和国破产法》《中华人民共和国证券法》等相关法律的出台和修订，给予了市场化债转股法律依据，保护了债权银行、对象企业及实施机构的利益。综上所述，相关法律法规和政策的出台为开展市场化债转股提供了良好的环境基础。

债转股在国内外已开展多年，全球多个国家曾经使用债转股的方式处理过不良资产，并具备较多主体机构和优质的市场结构，取得了相当不错的实施效果。

就市场化债转股而言，我国已经具备开展市场化债转股的实施能力和市场条件，基于此，从操作上来说，我国开展市场化债转股是可行的。

一、丰富的国内外案例参考

随着债转股的不断发展，国内外已有多项债转股业务顺利开展，并取得了相当显著的成效。

在国外方面，美国建立了有名的重组信托公司（RTC）对储蓄信贷机构的资本金进行重组和整改，RTC 持续收购金融机构所持有的企业部分股权，这部分股权通常收回难度较大。RTC 以债转股的方式不断尝试，对汽车行业进行救助，帮助企业恢复市场竞争力，之后再以市场化的方式退出，成本较低且效果显著。日本采用“母银行—子公司”的形式进行债转股，成功化解了日本房地产泡沫破裂期间银行业产生的大量不良贷款。

在国内方面，云南锡业集团（控股）有限责任公司（以下简称“云锡集团”）作为之前就参与过市场化债转股的企业，在本轮市场化债转股中仍是第一个参与的地方性国有企业，公司负债率达到 82.85%。中国建设银行与云锡集团通过基金模式进行债转股，分两期落地，预期项目实施后能降低云锡集团 15%的杠杆率；陕西煤业化工集团有限责任公司（以下简称“陕煤集团”）2015 年底负债率高达 80%，较行业平均值高 10 个百分点，该集团因行业周期性波动面临压力，但发展前景较好，借助市场化债转股，陕煤集团成为 2017 年全国落地债转股规模最大的企业，实施债转股后，陕煤集团的负债率下降，进一步降低了大企业的违约风险，预计全部项目实施完成后，将降低陕煤集团 10%的负债率。

二、较强的实施能力

就债转股对象企业而言，国有企业的规模和实力有了极大的增长。截至 2021 年底，国有企业营业总收入为 755543.6 亿元，同比增长 18.5%；应缴税金为 53559.9 亿元，同比增长 16.6%；利润总额为 45164.8 亿元，同比增长 30.1%，多数企业已构建较为完善的现代企业制度和公司治理结构，经营和管理较为市场化。在开展机构方面，金融资产管理公司、金融资产投资公司、国有资本投资运营公司、保险资产投资机构四类国家批准的实施机构在市场化债转股推进中具有渠道、平台和人才等突出优势，可以高效地募集大额低成本的资金投资债转股项目。此外，这些机构在资产处置、企业重组和资本市场业务方面能力较强，对市场化债转股的顺利开展有着明显的积极意义。

三、良好的市场条件

当前，开展市场化债转股的条件已基本成熟，社会主义市场经济体制逐步完善，具体表现在多层次资本市场的快速发展及社会融资结构的明显调整上。虽然以银行为核心的间接融资仍然占据核心位置，但从变动情况来看，直接融资所占比重逐步增多。2021 年，社会融资规模增量累计为 31.35 万亿元，其中企业债券净融资为 3.29 万亿元，同比减少 1.09 万亿元；非金融企业境内股票融资为 1.24 万亿元，同比增长 3434 亿元；直接融资占社会融资的比重为 14.45%。这一现象为市场化债转股提供了广阔的市场空间和多元化的处置工具，市场的逐步完善也为市场化债转股的退出奠定了基础。

第二节　中国的市场经济结构

我国自 1978 年实施改革开放之后，国内经济体制逐渐由计划经济转变为市场经济，这一转变的关键点在于经济结构优化和各产业转型调整。虽然在不同发展阶段我国的经济环境和方针政策不尽相同，但其主线都是优化经济结构和完善经济发展途径。

就发展经历而言，我国在由计划经济迈向市场经济的过程中，国内经济结构由重工业占主导地位的“偏重”结构一步步转变为以轻工业为主体的“偏轻”结构，此结构以服务业的快速发展为显著特征，促使我国经济发展有了总体的优化升级。

就整体布局而言，我国经济结构的调整重点在于产业结构优化。总览三次产业结构调整，我国产业结构优化的核心任务在于，在维持平稳发展的基础上，不仅要调整三次产业间的占比，还要调整其内部占比，其中以优化工业内轻重工业结构以及制造业中的先进与落后产业，同时发展目标为妥善处理农业，逐步提升工业、服务业发展比重以及着重发展高新技术产业。在此基础之上，优化经济发展途径的关键在于维持对外开放、市场化改革和“三驾马车”的动态平衡。

改革开放以来，我国经济总量实现了显著提升，与此同时，我国经济政策也在随之不断变化，这使40多年来国内经济发展方式产生了实质性的变化。通过支出法核算GDP，得到我国最终消费率与资本形成率之和接近1，呈反向变动情况。就消费率而言，自改革开放到20世纪90年代初，消费率在60%左右呈现较为稳定的状态；20世纪90年代，其在较微小降低后又呈持续上升状态；21世纪前10年，消费率有所下降，此时经济发展动力大多来源于投资；从2010年起消费率呈逐步上升状态，表明当时是需求带动经济发展，2016年消费率为53.6%。就投资率而言，自改革开放到20世纪末，投资率基本在40%上下变动，幅度较小。21世纪前10年，投资率逐渐攀升，带动GDP显著增长，到2011年达到48%，到2016年又降至44.1%，与消费率呈反向变动态势，表明我国经济自2000年以来呈现新的发展局面。

对外依存度可以有效说明一国贸易的情况。自改革开放以来，我国对外依存度不断上升，特别是在加入了世界贸易组织（WTO）以后，该数值呈明显上升趋势，2006年达到70%，这一数值变化符合我国对外开放的政策目标，对外依存度随后的逐渐回落在一定程度上是由全球金融危机造成的。在21世纪前10年里，经济发展的主要动力来源于投资和贸易的不断增加，其帮助我国经济在21世纪前期实现了显著增长。随后，在2010年左右我国经济发展方式有了明显变化，主要表现为消费作用凸显，投资作用有所减弱，贸易表现较为平稳且略有下降。我国自改革开放至今，“三驾马车”在不同阶段都对我国经济增长产生了不同的影响，这不是一种“失衡”现象，而是宏观经济在不断变化调整中实现平衡，并与同时期发展状况相一致。

全球金融危机给全球经济发展带来了负面影响，2014年我国经济发展呈现新常态，其结构和增长方式都在寻求更为彻底和谨慎的改革。自此，我国经济发展的主要问题在于其结构而非周期变动，这说明经济发展的重心应由增加总量转变为优化供给结构。因此，我国将以前优化结构和发展方式的经济政策逐渐转变为优化供给侧结构，这意味着我国经济发展进入全新阶段。为了使转变顺利完成，我国要在进一步加深以前经济结构和增长方式的基础上，以供给侧结构为重点，从根本上解决结构性问题。

中国经济结构调整和发展演进可以划分为四个阶段：

第一阶段为1978~1991年。在此阶段，我国逐渐由计划经济向商品经济转变，国内主要社会矛盾为人民日益增长的物质文化需求同落后的社会生产之间的矛盾，消费品在较长时间里难以满足需求。因此，当时我国将经济发展的主要任务放在优化生产以适应消费需求方面，增加了一些基本产业的供给量。在此阶段，我国大力发展农业和轻工业，以增强消费品的生产能力。由于未进行改革开放时，我国的重工业占比明显偏高，导致产业结构明显失衡，阻碍了经济发展的效率，因此产业结构的调整优化势在必行。在改革开放刚开始的几年里，GDP增速，各产业结构得到优化调整，主要表现为农业占比增加，轻工业快速发展。1984年，我国颁布了《中共中央关于经济体制改革的决定》，其作为国内经济改革的纲领性文件使各个城乡纷纷开展经济体制改革，进而使国内产业结构向工业化转变，农业发展力度减缓，其中轻工业发展最为显著。20世纪80年代，国内消费品在较长时间里供给不足的问题得到解决，第三产业占比明显提升，经济结构得到较为明显的优化。但是，该阶段经济效益较不明显，基础工业发展速度偏低且与加工业之间的矛盾逐渐凸显，经济发展速度不稳定等问题依旧存在。因此，我国不仅要制定相关政策文件对这些问题进行引导解决，还要集中力量发展基础设施和工业，进一步提升经济效益，为市场发展和对外开放提供保障。在此阶段，社会主义市场经济体制还未确立，主要是渐进式改革。

第二阶段为1992~2008年。邓小平“南方谈话”、党的十四大的顺利召开均确立了我国构建社会主义市场经济体制的重要改革目标。因此，在此阶段经济发展以市场化改革和对外开放为主要任务。此时，市场经济正式成为我国经济发展的目标和方向，在这一阶段中的市场经济主要是以计划经济为基础，并着重于市场化改革和对外开放两项任务。在此期间，我国相继出台了“八五”计划、《中共中央关于建立社会主义市场经济体制若干问题的决定》及《90年代国家产业政策纲要》，进一步明确要将根据现代化和工业化进程的客观规律来优化经济产业结构作为主要任务，着重解决经济结构不合理问题。受1997年亚洲金融危机的影响，此后一段时间里我国逐渐呈现集约型发展方式，由于经济发展方式未进行根本转变，传统产业的优化升级和经济的发展要由高新技术等带动，因此我国提出下一阶段的重任在于推动高新技术及自主创新的发展。在此阶段，经济呈现全球化特点，这对我国经济发展而言是新一轮机遇和挑战。为了牢牢把握这一机

遇，我国于2001年加入WTO，加入了经济全球化的行列。自此，我国对外开放进入了新阶段，国内的不同产业在外部需求的带动下呈现高速增长趋势，国内以制造业为主的趋势逐渐凸显，工业方面的转变主要以传统产业的优化和高新技术的发展为主，交通运输、现代信息、生活服务等发展逐渐明显，经济结构得到了深化改革，此过程仍以工业结构的优化调整为主。加入WTO之后，国外市场带来的需求有效带动了我国制造业的发展，由于之前受到亚洲金融危机和互联网泡沫等影响，我国产业结构逐渐由劳动密集型向技术、知识和资本等密集型产业转变。在此阶段，我国在完善基础产业发展的同时着力于发展交通运输业和能源工业等，尤其重视制造业的发展，并以建筑业、汽车制造业等核心产业为主。

第三阶段为2009~2012年。由于全球均不同程度受到金融危机影响，外部需求逐渐下降，国内部分制造业企业存在的问题逐渐凸显，我国经济发展呈现出新常态，过去以投资带动经济增长的方式逐渐不再适应，同时国内个性化需求的不断增长也对经济结构提出了要求，即增加服务业产出，降低工业产出。在此背景下，我国将经济发展重心转移至新材料、新能源等战略性新兴产业。

第四阶段为2013年至今。在此阶段，我国经济发展呈现出新常态。在此背景下我国经济发展的根本问题主要在于经济结构方面而非总量上，即供给侧方面出现了较为明显的矛盾，因此要以供给侧结构性改革的方式来增加供给的质量和效益。我国所进行的供给侧结构性改革是指以创新为主，将技术、劳动力、土地、资本和创新这几类生产要素进行重新组合，优化传统增长动能，培养新的经济发展力量；以增强实体经济的方式来培育新动能，帮助维持经济的稳定长久发展，最终使我国经济结构实现稳步转型。在此阶段，要以创新带动经济高速发展，在传统产业中（如煤炭、钢铁行业）去产能，着力于新经济、新业态等方面的发展，实现新旧产能的调整。

在经济新常态的背景下，2015年中央经济工作会议提出要更加注重供给侧结构性改革，此改革方向为我国经历了全球金融危机后在新竞争形势下的重要抉择。2016年中央经济工作会议进一步指出要开展供给侧结构性改革，其最终目标为满足需求，主攻方向为优化供给质量，根本途径是深化改革。会议提出要加大力度实现“三去一降一补”，维持房地产市场稳定发展。2017年中央经济工作会议明确了要想对供给侧结构性改革进行深化，就要将中国制造转向中国创造，不是仅以发展速度为重心，而是要重点保证质量，由制造大国升级为制造强国。

自经历全球金融危机以后，我国将供给侧结构性改革作为经济发展的重要任务，其作为现阶段经济工作的重要任务，能够有效优化经济结构，实现转型升级。当前，我国经济结构的优化进入到更深层次，国内经济发展主要以高新技术、新能源及教育等为主，其中新兴行业为重要内容，要积极适应我国经济发展的新常态。

第三节　国有企业供给侧结构性改革背景研讨

随着经济进入新常态，我国经济增速放缓，发展重心逐渐向质量倾斜。国有企业作为我国经济发展的支撑性力量，在进行供给侧结构性改革的过程中，是改革的主要对象。研究发现，我国部分国有企业存在成本费用水平偏高、杠杆率不理想、供给质量偏低等问题，只有有效解决这些问题，才能帮助国有企业完成改革，进而保障供给侧结构性改革的顺利实施。供给侧结构性改革要重点解决的问题是“去产能、去库存、去杠杆、降成本、补短板”，而在此过程中债转股作为供给侧结构性改革的实现工具，在去产能、去杠杆、降成本方面有着显著效果。我国在20世纪90年代已进行过债转股相关工作，但由于目前经济形势与之前显著不同，因此本次债转股的实施必然要与国有企业的现状等相结合。

一、国有企业发展过程中存在的问题

（1）杠杆率偏高，企业的资金管理意识不足，易出现不良资产。

在过去，经营管理不善导致较多国有企业逐渐变为“僵尸企业”，然而为了维持社会就业的平稳发展，政府并未对“僵尸企业”做过多处理，反而给予相关政策、资金支持等帮助其生产，这进一步增加了“僵尸企业”的负债比例。与此同时，国有企业杠杆率也进一步增加（张后军，2018）。

另外，国有企业在运营过程中受国有资产监督管理委员会的监督管理，需要完成其所规定的各类考核指标，此类考核以业绩考察为主。这一现象导致国有企业领导可能会偏好运用各种赊销形式来达到企业业绩目标，因此在赊销等的审批上会有一定程度的放宽，风险意识和资金管理意识较弱，会在未完全了解交易方

支付能力时便同意进行赊销。如此一来，较为宽松的赊销策略能够较好地完成企业的考核目标，但也大大增加了企业不良资产出现的概率，应收账款难以回收，企业资金压力增加（常华兵、秦思琦，2018）。

（2）成本费用水平过高。

一方面，成本控制方面的意识比较薄弱。随着我国经济的快速发展，部分国有企业只注重产出的增加，对内部管理建设关注不足，使得企业生产过程中成本费用水平较高。目前，我国经济发展速度渐缓，一些产业市场出现供大于求的情况。过度追求产出的增加会使产品价格下降，使以增加产出来实现利润的方法的可行性降低（段勇、周子杭，2018）。在目前我国经济发展的背景下，由于部分国有企业根深蒂固的思维及较弱的成本控制意识，导致一些企业出现利润不断降低的情况。

另一方面，成本管理控制方面的信息化水平较低，不能有效实现动态监管。在我国，国有企业一直以来都被作为经济发展中的核心力量，其管理制度中计划经济的成分依旧存在。在企业进行成本管理控制时，由于不能较好地应对市场变动所带来的影响，再加上信息化动态监控的欠缺，导致企业不能根据市场变动及时调整策略，成本费用易处于较高水平。

（3）优质供给较少。

首先，企业资源分配效率较低，产能利用率不高。在国有企业中，部分“僵尸企业”占用着社会较多的生产要素和融资资源，但不能进行高效运营生产，导致企业资源分配效率较差（诸葛玉华、李文明，2018）。与此同时，一些经营实力较强的民营企业因为资源匮乏等而难以得到发展。其次，国有企业的生产技术水平偏低。在以前我国经济高速发展的阶段，市场对产品数量的要求较高，国有企业可以增加产能的方式实现较多收入，当时企业的主要发展重心在于市场的占有率和收入情况。受该思想的影响，我国部分国有企业仍存在过于追求产能的情况。

二、供给侧结构性改革

1. 内涵与特征

供给侧结构性改革是解决我国经济结构和体制问题的重要举措，其内涵可以分为以下两个方面：第一，供给侧结构性改革的主要目标是，从制度创新和优化供给两个方面出发清除目前经济发展的障碍；第二，供给侧结构性改革作为逐步推进式的改革，可以反映现有需求，从而进一步解决现有制度存在的问题。我国供给侧结构性改革更加注重从供给方面出发，但这并不意味着无视需求的影响，其目的是使供给与需求互相作用，产生互补效益，从而实现经济结构的深度优化。推动供给侧结构性改革能够促进新的经济增长推动力的产生，帮助新旧动能转变，为经济高质量发展提供强大支撑力，保证人民对美好生活的需要得到充分的满足。

以经济发展中所暴露出来的问题为出发点进行供给侧结构性改革，要与我国经济发展呈现的客观事实相结合，在短时间内达成“三去一降一补”，即去产能，以优化供给的结构；去库存，清除供给的冗余；去杠杆，保证供给的安全；降成本，提升供给的能力；补短板，实现有效供给的扩大。从长远发展来看，供给侧结构性改革的实现要点在于需要系统的制度创新（刘伟，2017），运用制度方面的创新激发市场的活力，巩固市场在资源优化配置中的主导作用。在此期间，以服务经济为重任，保障市场的主导地位。

供给侧结构性改革主要有以下特征：第一，供给侧结构性改革的基本出发点在于降低企业的杠杆率，以此来缓解企业的资金压力，帮助调整企业治理结构，进一步提升其创新力，优化产业结构，逐渐淘汰部分竞争力和发展潜力较小的企业；第二，着重于降低银行等金融机构非正常类贷款的占比，以下设资产管理公司等方式帮助银行实现债转股，降低金融业系统性金融风险；第三，改革的目标在于增加高质量供给，提升企业的研发能力，进而带动需求的产生。对产业进行整合调整后，集群效益有助于提升我国制造业等的竞争力。

2. 改革的重点和思路

供给侧结构性改革的目标在于优化经济结构，以资源配置为出发点，综合各方力量提升经济增长的质量和速度。我国经济发展的主要动力来源于国有企业，因此国有企业要多方面改善产业结构，促进全要素生产率的上升，实现规模经济，促进技术创新，从而在供给侧结构性改革的过程中提供有效保障。因此，国有企业应该从以下几个方面推进改革：

第一，在全方位推进国有企业改革有效开展时，将盈利绩效作为仅有的质量考核标准是不可取的，应当将全要素生产率一并考虑进去，使其成为测算国有企业发展水平的关键标准。在此过程中，全要素生产率是指在各种生产要素投入水

平既定的条件下，所达到的额外生产效率。如此一来，供给侧结构性改革能够帮助国有企业加快经济结构转型速度，合理优化新旧资源配置，并且以关闭暂停和合并重组的手段，减少供给方面的不利影响和供给困难。

第二，党的十八届三中全会以来，“管人、管事、管资产”方式逐渐转变为“管资本”，这是里程碑性的改变。国有资产监管以“管资本为主”，是指有一定规模的国有企业通过上市公司进行资产和资源优化配置。通过资本化改革，如开展市场化债转股，不仅能够使具有一定规模的国有资产再次具备流动性，积极投入市场，还能有效降低国企在较长时间内因资产、人员和管理活力降低所带来的不利影响，提升生产要素的活力。

第四节　中国债转股市场发展的基本情况

本书通过对现有理论及文献进行梳理总结，在了解债转股实施及发展的基础上，结合各省份人民政府官方网站、国有资产监督管理委员会网站及各统计年鉴相关数据，对我国债转股发展现状进行分析。本章将对全国市场化债转股发展现状展开分析，具体包括国有企业发展状况、全国债转股对象企业梳理等方面内容。

一、国有企业发展状况

1. 国有企业财务基本面

截至 2021 年底，国有企业营业总收入为 755543.6 亿元，同比增长 18.5%；应缴税费为 53559.9 亿元，同比增长 16.6%；国有企业利润总额为 45164.8 亿元，同比增长 30.1%。2021 年 12 月末，国有企业资产负债率为 63.7%，增长了 0.3 个百分点。整体而言，目前全国国有及国有控股企业（以下简称“国有企业”）主要经济指标保持增长态势，应缴税费继续下降，主要表现在以下几个方面：一是国有企业利润增幅较明显。全年国有企业利润增幅（30.1%）比 2020 年底（13.8%）大幅增加。二是国有企业应缴税金变动较小。国有企业应缴税费为 53559.9 亿元，应缴税费占营业收入的比重为 7.09%。

2. 杠杆率

杠杆率通常是指微观经济主体通过负债实现以较小的资本金来控制较大资产规模的比例。在对杠杆率进行测度时，可以选择使用负债与股东权益之比、资产与股东权益之比、负债与资产之比等指标，或者选择上述指标的倒数来衡量杠杆率的大小，进而对其风险状况进行评估和预测。由于部分指标数据存在难以进行统计的问题，因而在实际运用中往往使用负债与 GDP 之比来衡量区域总体杠杆率，用负债与资产之比来衡量微观主体的杠杆率。

财政部数据显示，2021 年中央企业资产负债率为 67%，地方国有企业资产负债率为 61.8%。国有企业资产负债率在 2016 年中达到最高点（66.3%），随后下降，当前已经降至 61.8%。与之对应的数据是，统计局公布的工业企业中国有企业的资产负债率也是在 2016 年中达到最高点（61.7%），随后开始下滑。综上所述，虽然国有企业的微观杠杆率呈现下降趋势，但其总债务规模逐渐增长，国有企业的债务在非金融企业债务中仍占有较大比重，其中地方的隐性债务居多。

二、全国债转股对象企业梳理

1. 债转股项目梳理

目前，我国已有 77 家企业签署市场化债转股框架协议，公开可查的债转股实施对象企业有 61 家，这些项目主要分布于钢铁、煤炭、交通运输等重资产行业。现阶段，我国实施市场化债转股的项目基本实施情况如表 1-1 所示。

表 1-1 市场化债转股的项目基本实施情况

省份	时间	对象企业	合作机构	总规模（亿元）
陕西	2016 年 12 月 28 日至 2017 年 10 月 31 日	陕西煤业化工集团有限责任公司	陕西金融资产管理股份有限公司、中邮证券有限责任公司、浙商银行等	454.2①
	2017 年 1 月 5 日	陕西有色金属控股集团有限责任公司	中国建设银行	100
	2017 年 1 月 5 日	陕西能源集团有限公司	中国工商银行、中国建设银行	100+100
	2017 年 5 月 24 日	彩虹集团有限公司	陕西金融控股集团有限公司	48
	2017 年 11 月 23 日	陕西延长石油（集团）有限责任公司	中国工商银行、陕西金融资产管理股份有限公司等	700

续表

省份	时间	对象企业	合作机构	总规模（亿元）
山东	2016年11月14日	山东能源集团有限公司	山东省人民政府国有资产监督管理委员会、中国建设银行	210
	2016年12月9日	山东黄金集团有限公司	中国工商银行	100
	2017年2月9日	山东高速集团有限公司	中国农业银行	300
	2017年2月12日	兖矿能源集团股份有限公司	中国工商银行	100
	2017年5月25日	山东钢铁集团有限公司	中国工商银行	260
天津	2016年9月11日	渤海钢铁集团有限公司	天津市人民政府国有资产监督管理委员会、天津市政府	600
	2017年6月20日	天津物产集团有限公司	中国农业银行	150
山西	2016年12月8日	山西焦煤集团有限责任公司	山西省人民政府国有资产监督管理委员会、中国建设银行	250
	2016年12月26日	太原钢铁（集团）有限公司	中国工商银行	60+40
	2016年12月26日	大同煤矿集团有限责任公司	中国工商银行	100
	2016年12月26日	阳煤集团有限责任公司	中国工商银行	100
	2017年3月29日	山西晋城无烟煤矿业集团有限责任公司	中国建设银行	两家共200
	2017年3月29日	山西潞安矿业（集团）有限责任公司	中国建设银行	
	2017年4月5日	鞍钢集团有限公司	兴业银行	100
	2017年5月4日	晋能集团有限公司	中信银行	200
北京	2016年12月9日	中国中钢集团有限公司	北京市人民政府国有资产监督管理委员会、中国人民银行、交通银行、国家开发银行、中国农业银行、中国进出口银行、浦发银行	270
	2017年1月19日	中铁物资集团有限公司	银行债权人委员会成员和私募债持有人	300
	2017年5月11日	中国建材集团有限公司	中国农业银行	300
	2017年8月9日	中国国电集团有限公司	中国农业银行	111
	2017年8月9日	国家电力投资集团有限公司	农银金融资产投资有限公司	100
	2017年8月15日	中国船舶重工股份有限公司	中国信达资产管理股份有限公司	50. 34

续表

省份	时间	对象企业	合作机构	总规模（亿元）
河南	2017年1月11日	河南能源化工集团有限公司	中国建设银行	350
	2017年1月11日	中国平煤神马能源化工集团有限责任公司	中国建设银行	
	2017年1月11日	安阳钢铁股份有限公司	中国建设银行	
安徽	2016年12月28日	淮南矿业（集团）有限责任公司	中国建设银行	300
	2016年12月28日	淮北矿业控股股份有限公司	中国建设银行	30
	2016年12月28日	马钢（集团）控股有限公司	中国建设银行	
	2017年6月26日	安徽省皖北煤电集团有限责任公司	徽商银行	
辽宁	2017年5月2日	营口港务集团有限公司	营口市人民政府国有资产监督管理委员会、中国建设银行	200
	2017年5月2日	沈阳机床（集团）有限责任公司	沈阳市人民政府国有资产监督管理委员会、中国建设银行	100
广东	2016年11月9日	广东省广晟资产经营有限公司	广东省人民政府国有资产监督管理委员会、中国建设银行	150
	2016年11月9日	广州交通投资集团有限公司	广州市人民政府国有资产监督管理委员会、中国建设银行	100
	2017年1月9日	广州越秀集团股份有限公司	中国工商银行	未披露
	2017年2月28日	广东省广物控股集团有限公司	中国银行	未披露
湖北	2016年10月11日	武汉钢铁集团有限公司	中国建设银行、建信信托有限责任公司、建银国际（控股）有限公司、建信资本管理有限公司	240
甘肃	2017年8月11日	甘肃省公路航空旅游投资集团有限公司	中国邮政储蓄银行、中国银行、中国农业银行、交通银行、中国建设银行	600（其中25亿元为市场化债转股）

续表

省份	时间	对象企业	合作机构	总规模（亿元）
浙江	2017 年 3 月 17 日	浙江省建设投资集团有限公司	中国银行、中国工商银行	200
云南	2016 年 10 月 19 日	云南锡业集团（控股）有限责任公司	中国建设银行、建信信托有限责任公司	100
	2016 年 12 月 30 日	云天化集团有限责任公司	中国建设银行	100
重庆	2016 年 11 月 10 日	重庆建工投资控股有限责任公司	重庆市人民政府国有资产监督管理委员会、中国建设银行	100
福建	2016 年 11 月 2 日	厦门海翼集团有限公司	厦门市人民政府国有资产监督管理委员会、中国建设银行	210
	2017 年 6 月 20 日	福建省能源集团有限责任公司	中国建设银行	
	2017 年 6 月 20 日	福建建工集团有限责任公司	中国建设银行	
	2017 年 6 月 20 日	福建省交通运输集团有限责任公司	中国建设银行	
	2017 年 6 月 20 日	福建省电子信息（集团）有限责任公司	中国建设银行	50
江苏	2016 年 3 月 24 日	中国熔盛重工集团控股有限公司	中国银行、国家开发银行、中国进出口银行等 22 家	141.08
黑龙江	2016 年 9 月 28 日	江苏舜天船舶股份有限公司	未披露、普通债权人	71
	2016 年 10 月 12 日	中国一重集团有限公司	中国一重集团有限公司	15.5
	2017 年 4 月 19 日	南京钢铁集团有限公司	中国建设银行	30+100
贵州	2016 年 12 月 14 日	六枝工矿（集团）有限责任公司	中国农业银行	未披露
河北	2016 年 12 月 20 日	冀东发展集团有限责任公司	中国工商银行	50
	2017 年 3 月 8 日	冀中能源集团有限责任公司	交通银行	未披露
四川	2016 年 12 月 30 日	四川泸天化股份有限公司	中国银行、中国农业银行	未披露
青海	2017 年 4 月 6 日	西部矿业集团有限公司	青海省人民政府国有资产监督管理委员会、中国建设银行	100

注：陕煤集团自 2016 年 12 月 28 日至 2017 年 10 月 31 日，共有六笔债转股资金落地，共计 454.2 亿元。

2. 区域分布

目前，债转股已落地项目企业的地域分布广泛，全国各区域均有涵盖，并以华北、西北和华东地区为主。从项目规模分布来看，陕西、山东、北京、山西等省份的规模较大，其中山西省达 1100 亿元。从各省份债转股项目的开展情况来看，我国南部地区的大部分省份只在 2016 年开展了债转股的试点业务，随后，债转股业务逐渐向中西部地区扩散，陕西、北京、甘肃等省份在 2017 年开始发力，大规模开展债转股业务（见图 1-1）①。

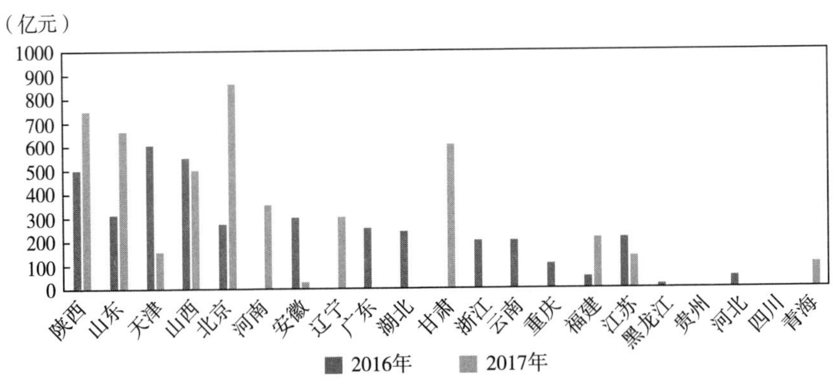

图 1-1　2016~2017 年债转股项目的地区分布

从债转股企业数量分布来看，2016~2017 年北京、山东、山西和福建等省份参与债转股的企业数量多（见图 1-2），随着时间的推移，参与债转股的企业数量逐渐会增多。

3. 行业分布

从债转股行业的企业数量来看，全国煤炭、钢铁和能源债转股企业分别为 15 家、9 家和 11 家，占国内全部债转股项目的 60%左右（见图 1-3）。

在行业政策方面，煤炭和钢铁作为债转股重点行业，中国银行业监督管理委员会、国家发展和改革委员会、工业和信息化部印发的相关文件提出，要帮助金融资产管理公司、地方性资产管理公司对钢铁、煤炭企业进行市场化债转股。

① 由于部分地区 2018 年数据未公布，考虑到数据的完整性和可比性，采用 2016 年和 2017 年数据进行研究分析。

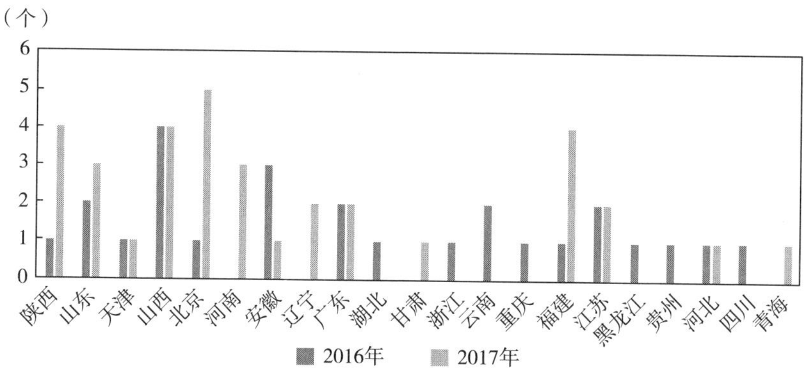

图 1-2 2016~2017 年债转股对象企业的地区分布

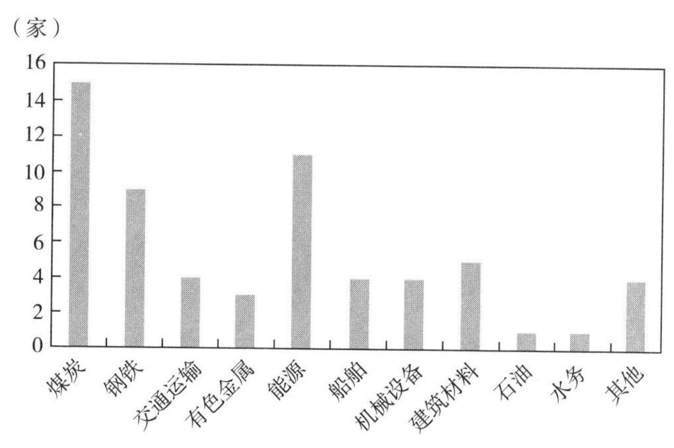

图 1-3 我国债转股行业企业数量分布

第五节 中国市场化债转股存在的问题及原因解析

分析研究市场化债转股的推行情况，在“十年黄金”期我国部分企业发展效率明显改善，然而其盲目投资及融资结构不合理导致企业的杠杆率普遍上升。而后，随着经济增速的放缓，企业盈利能力逐渐下降，其资金链紧张，同时转型升级问题需大量资金的支持，此时资金需求面较多，一方面要解决企业目前因运营和转型升级所产生的资金缺口，另一方面要解决过去高速发展过程中融资结构不合理的情况。根据相关研究来看，我国目前的金融服务体系或顶层设计更加注重产业总体效益和企业发展运营情况。我国提出供给侧结构性改革和“三去一降一补”政策后，又陆续颁布了各类政策文件来引导金融业帮助部分发展前景较为明朗的企业解决产能等问题。然而，在实践中，大多金融机构由于基于风险控制等因素，以及偏好“总量控制，抽贷限贷”等做法，导致这些急需去产能的企业在运用多种融资方式后效果甚微，增加了“融资难，融资贵”等问题。通过分析我国债转股市场状况及典型案例可以看出，本轮市场化债转股在发展过程中存在的问题及原因主要表现在以下六个方面：

一、债转股流程多，交易结构烦琐

根据目前法律相关规定，商业银行禁止向非银行业的金融机构和企业投入资金，而本轮债转股为商业银行进行权益类投资提供了一定条件，打开了我国银行业混业经营的新局面，但仍要遵守我国禁止金融机构直接对企业投资的规定。在上一轮债转股相关工作中，我国成立了四大国有资产管理公司，产生了较为明显的正向影响。然而，本轮债转股进行的基础要求在于市场化和法治化，但商业银行法的相关规定使市场化债转股的推行受到阻碍，要求市场化债转股的参与双方在开展相关工作时，必须从第三方甚至第四方（或者设立基金等）引入中介机构。这一现象导致市场化债转股过程中的业务链条进一步延长，增加了交易结构的复杂性，容易导致融资成本增加，降低了业务开展的便捷性。

二、市场化债转股标的选取较难

根据实际调查结果，我国满足市场化债转股条件的企业普遍运营较为良好、盈利水平较高并具有一定发展潜力，然而对于拥有较好发展前景但急需资金支持的企业而言，往往达不到开展债转股的标准。在确定市场化债转股参与企业时，金融机构对对象企业有着较为严格的标准，只有满足其筛选条件的企业才能开展市场化债转股，这些企业大多具有一定竞争力且发展前景明朗，而对急需淘汰落后产能、减轻债务压力和进行优化改革的企业而言效果并不明显。

三、融资贵问题仍未解决

大型国有企业相较于中小企业而言融资更加便利，大型国有企业融资需求较大，但各个银行处在强监管年，流动性不足，导致“融资贵”的问题没有得到解决，债转股的实施并没有达到最理想的状态。与此同时，商业银行法要求银行自身不能持有实体企业的股权，相关资金要以金融产品等形式进入债转股流程，过程较为烦琐，且会产生各类税费和手续费，增加了债转股的参与成本。除此之外，市场化债转股的环节偏多，过程较为复杂，需要各行业专业人员的参与，这导致开展债转股工作时相应的各类成本有所增加，另外由于涉及环节较多，资金落地所需时间也有所增加，这进一步增加了利息费用等的积累，一步步增加了降杠杆的成本。研究发现，目前债转股的参与资金来源以银行理财资金和中国人民银行的降准资金为主。银行理财资金期限较短，而债转股所需资金的投入流动时间在5年左右，期限匹配度低，并且资管新规也给其带来了一定压力，使可以满足市场化债转股期限条件的理财资金再次降低，增加了参与成本，导致转股企业的融资成本上升。目前，已开展的债转股项目大多要求投资收益在7%~7.5%，至少不低于7%，而且还要考虑税费等因素。就税前成本而言，转股企业实际年化融资成本高达9%~10%，明显偏高。

四、落地仍需优质资产

在本轮市场化债转股不断推进过程中，许多杠杆率水平明显偏高的企业表现出较为强烈的参与意愿。《关于市场化银行债权转股权的指导意见》明确指出，市场化债转股对象企业应当具备以下条件：发展前景较好，具有可行的企业改革计划和脱困安排；主要生产装备、产品、能力符合国家产业发展方向，技术先进，产品有市场，环保和安全生产达标；信用状况较好，无故意违约、转移资产等不良信用记录。积极引导具有发展潜力和资金周转出现困难的高质量企业进行市场化债转股。因此，本轮市场化债转股的共同特征在于杠杆率较高，规模较大的国有企业，在A股上市且具有较强周期性。

20世纪90年代我国进行债转股时赤字较为明显，在此过程中政府投入较多资金进行支撑，当时所建立的四大资产管理公司的资金来源主要包括：财政部提供400亿元资金；中国人民银行提供再贷款6041亿元，利率为2.25%；向四大国有银行和国家开发银行发行金融债券8200亿元，利率为2.25%，期限10年。在这种较为充足的资金支持下，该阶段的债转股取得了一定成果。在该过程中值得注意的是，当时国内需求逐步增加，房地产业改革及我国加入WTO引导我国经济发展进入快速发展时期。目前，国内经济背景已有较大改变，增速放缓，杠杆率和资产不良率居高不下等情况增加了本轮市场化债转股开展的难度。除此之外，本轮债转股的核心在于市场化，即政府资金等支持明显减少，这给债转股资金筹措带来了巨大挑战。从目前债转股案例来看，具有优质资产，在产业内拥有一定地位，以及本身是上市公司或者拥有上市子公司的企业债转股方案推进速度更快；对于已深陷债务泥潭、救助难度较大的企业，投资人实施债转股方案的意愿较低。

五、缺乏相应配套措施与管理办法

第一，国务院《关于市场化银行债权转股权的指导意见》指出，符合条件的债转股企业可按规定享受企业重组相关税收优惠政策。根据需要，采取适当财政支持方式激励引导开展市场化债转股。根据调研结果，现阶段债转股项目的操作模式一般都是借鉴“明股实债”的方式，但“明股实债”并不是一个专业的法律用语，而是一个由同行创造出来的概念。这样一来，国有企业将来在审计的时候，如果不是上市公司，“明股实债”可以计到“权益”里面，但若是上市公司，则会将债转股资金调到“长期其他应付款”里面，这样负债率仍然存在，并不能起到降杠杆的作用。债转股是帮助企业去杠杆最有力的措施之一。但是，在全国范围内，市场化债转股从正式提出到银企签订债转股合作协议，再到真正有项目正式投放落地，整体上还处于“雷声大，雨点小”的状态。例如，中国建设银行陕西省分行与陕煤集团开展债转股合作时，由于缺少实施细则，缺乏有效指导，在实施债转股过程中银行对债转股条件等要素还处于摸索阶段，项目落地率不高。因此，制定相应的债转股实施机构管理办法是十分必要且迫切的。

第二，相关法规提出，达到一定条件的公司可以以发行优先股或者可转债的手段来实现资金的重组。通过谈判和法律途径将债务类投资转为权益类投资，合理明确优先股股东的相关权益，强化优先股的相关条例（庄建伟，2018）。但是，目前我国在优先股发行方面未有明确清晰的管理办法，仅上市公司和非上市公众公司有相应权限。在中国，实务界长期以来一直有依法或规定融资的习惯。如果法律没有明确规定，实务界会采取非常谨慎的态度来避免乱集资的不良后果。优先股在西方是一直存在的，和普通股、公司债一样在融资时较为常见。优先股兼具股票和债券的部分特性，在保障注资效率及投资人优先收益的同时，能使公司的控制权不减少。与债转股相比，将债权转为优先股可能是双方都容易接受的债转股方式。在 2008 年美国政府实施的金融危机中最大的 15 个投资项目中，只有花旗集团采取普通股的投资方式，其他企业全都选择与优先股有关的形式。由于中国对优先股的监管法律法规不够完善，因此市场化债转股的成熟案例相对较少。

六、债转股后的股权退出机制尚不明确

市场化债转股的最后环节是股权退出，以参与企业的行业和开展工作的形式为分类依据，针对不同类别采用合适的股权退出机制对债转股工作的顺利完成意义重大。若未采取合适的退出机制，会给参与债转股的企业经营留下潜在问题，甚至可能会直接导致债转股工作无效。在本轮市场化债转股开展过程中，应根据不同参与企业的运营情况采取不同退出机制，虽然增加了股权退出工作的复杂性，但保证了退出机制的灵活性。

目前，常见的股权退出机制主要是回购退出机制，即在开展债转股工作之前，双方就退出形式细节达成一致，明确回购的时间、价格、数量及相关条件。在市场化债转股工作开始后，只要发生股权回购事项，企业便应该按照要求无条件进行股权回购，其回购的股票可以作为库存股或进行注销等。若出现无法按约定赎回等任何违约情况，企业应就其行为承担对应的法律责任。另一种常见的股权退出机制是转让退出机制，即企业在开展市场化债转股工作后，以资产重组的方式通过买壳来实现上市。企业上市以后直接融资渠道增加，此时不但能够降低企业面临的融资压力，而且相关债转股的股权持有者还能够将其股份在流通市场上进行转让，从而收回本金，实现较理想的收益。还有一种常见的退出机制是国有股配售，即将一些国有股本出售给相关股东或基金管理公司。在本轮市场化债转股实施过程中国有企业占据较大比重，国有股配售的方式有助于促进我国国有企业和经济的健康发展。最后一种常见的退出机制是派息送股和资本增值。此次市场化债转股的主要参与者是具有明确发展计划，实力较强的高杠杆率企业，通过债转股能够帮助其增强盈利能力，保证长久稳定发展。并在企业恢复盈利后，

以派息送股和资本增值的方式完成股权退出。

本轮债转股的核心基础在于市场化，这与 20 世纪所开展的债转股有着本质的不同，这就导致当进行债转股的企业还未到退出时间时，其在股权退出方面有着较大不确定性。这主要是因为：第一，参与债转股的企业已承受了较大的债务负担，但由于其运营效率较低和部分不足，资金投入的短期效果不显著，此时如果不能及时扭亏为盈，就很难以股份回购来承担债务，进而阻碍市场化债转股的退出；第二，债转股企业顺利实现转型升级后，盈利能力有所提升，但通常债转股资金需求量较大，因此短期偿还债务的压力依旧较大，导致股权退出存在一定的不确定性；第三，本轮债转股的参与企业竞争力普遍较弱，其在进行债转股后上市，在借壳方面较为困难。由于我国 2015~2016 年积攒了较多壳资源，以及随着 2017 年 Pre-IPO 进程的加快，因此壳资源价值下滑较为明显。特别是在企业合并、收购进程中，双方对价等因素不稳定性高，增加了借壳上市和收购的阻碍。综上所述，市场化债转股后的股权退出机制不确定性因素较多。

第二章　市场化债转股实施的全球视野与国际实现

第一节　市场化债转股的国际背景

2008年全球金融危机爆发后，世界各国的经济一直承受下行压力，不少经济体的增长势头呈现出放缓态势，美国、日本及各经济区的经济发展呈现低迷态势。2016年，美国四个季度的GDP环比增速依次为0.8%、1.4%、2.9%、1.9%，经济发展处于缓慢复苏阶段，企业投资仍旧不容乐观，制造业增速较低且存在波动，服务业虽继续扩张，但扩张速度较缓，出口也相对疲软。此外，从2016年3月开始，各国的消费者信心指数和消费品零售总额均呈现下降态势。欧元区的经济表现虽较为平稳，但仍然承受着物价下行压力，失业率水平相对较高。日本出口需求疲软，投资持续低迷，制造业PMI连续萎缩。同时，受全球融资环境持续收紧、加息周期尚未结束等因素影响，美国、欧元区、日本等主要经济体经济下行加速，衰退风险加大。

第二节 美国经验

历史上美国共集中实施过两次债转股，第一次发生在20世纪80年代，是储贷危机背景下实施的破产型债转股；第二次发生在2008年，是次贷危机背景下实施的政府主导型债转股（舒超华，2019）。

一、储贷危机背景下的破产型债转股

1. 实施背景

20世纪80年代初，大量企业出现经营困境，为企业提供贷款的机构（如美国储蓄贷款协会）资不抵债，致使当时的金融体系出现系统性风险。美国储蓄贷款协会最早成立于19世纪30年代，作为储蓄机构的一种，它的主要功能在于将会员的小额存款集中在一起形成资金池，然后向其成员提供贷款以购买住房。20世纪70年代末80年代初，美国经济出现了通胀率、利率同步增长的态势，导致以中长期固定利率贷款业务为主的机构出现了大规模的亏损，并且衍生出了货币市场基金等投资工具，这一现象暴露了金融系统运作的问题。结合此次危机，美国政府颁发了大量政策放松对金融的管制，这些政策有效促进了当时市场经济的扩张，但导致储蓄贷款协会出现了投机经营的问题，为市场发生新的风险埋下了祸根。20世纪80年代中期，油价、房价呈现断崖式下跌，为会员提供房产贷款的储贷协会产生了大量坏账，不良资产数和不良资产率等指标急剧上升。这次危机导致储贷机构提供的保险基金全部枯竭，大量保险金无法兑付，社会对金融业失去信心。1989年，美国颁布了有针对性的法案《金融机构改革、复兴和实施法案》，以解决储贷危机引发的一系列问题，如撤除联邦储蓄与贷款保险公司，重新组建信托公司等，全面接管之前存在债务危机的相关金融机构。同时，以美国破产法典第十一章为依据，美国在这一时期引入以RTC为专门推进机构的破产型债转股模式，对问题金融机构进行处理。

2. 运作机制

美国破产型债转股的具体运作机制如图2-1所示。首先，当负债企业无法偿

付贷款，承受破产压力时，债权银行抑或是相关储贷协会都会面临两种不同的选择，即破产清算或是通过金融破产重组流程将企业的债权转化为股权，具体可以通过 RTC 将债权转为在金融市场上履行流通交易职能的赔偿请求权；其次，原债权人和认为该企业有较好发展前景的第三方投资者可在二级市场上通过合理价格完成赔偿请求权的处置或购买；最后，所有持有赔偿请求权的市场参与者共同完成企业重整，并享有该企业完成债转股后的股权份额。这种运作机制的优势在于：一方面较好地改善了不同债权人在债转股过程中存在的意见分歧；另一方面扩大了转股债权人的范围，不仅包括原债权人，还包括市场上所有看好该企业前景的投资者。倘若个别债权人反对重整，则其可以在二级市场上出售赔偿请求权，实现破产清算，其余债权人进行破产重组；倘若所有债权人都同意进入破产重整程序，那么认为该企业有较好发展前景的第三方投资者可在二级市场上购入赔偿请求权，从而对企业进行重组。

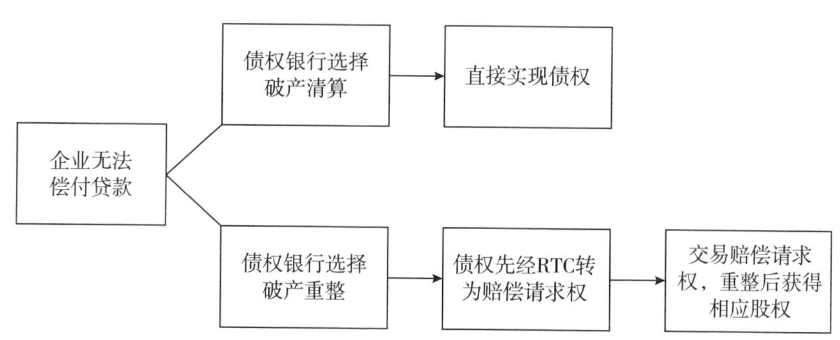

图 2-1　美国破产型债转股运作机制

需要注意的是，破产型债转股将市场视为向导，该模式下的市场机制发挥着决定性作用。王信（2016）指出该债转股模式并不是债权与股权的直接转换，而是债权先转为能在二级市场上流通交易的赔偿请求权，因此市场情况对企业能否实现资产重组意义重大。对于那些有较好发展前景的企业，其赔偿请求权在二级市场的交易价格相对较高，同时该企业完成破产重整的可能性较大；对于那些盈利无望的企业，大多数债权人会选择处置其赔偿请求权以实现破产清算，第三方投资者也不愿意为这类发展前景不好的企业投资，市场最终会将这类企业淘汰，进而促使社会资源实现最优配置。

3. 实施效果

美国的破产型债转股成效显著。1995 年末，信托机构通过债转股的方式处置了将近 4000 亿美元，这一金额占美国不良贷款的比重接近 90%。这样做不仅维护了储贷协会等金融机构的利益，还拉动濒临破产的企业重新走向了正轨，对社会秩序的稳定起到了一定的维护作用，因此该债转股模式被视作处理银行不良资产的有效手段。具体来看，在储贷危机期间，通用、福特、克莱斯勒等汽车企业由于自身创新不足、技术水平较低，加之储贷危机的冲击，其经营陷入困境。为了盘活这些企业的低效资产，美国政府颁布一系列政策开展破产型债转股。这些汽车企业取得了相应的资金支持，实现了生产经营的扭亏为盈，不仅自身经营走上了正轨，还缓解了上下游关联企业的经营压力，有效地阻止了行业大规模破产危机的发生（张劲松等，2017）。

4. 实施特点

（1）设置专门的债转股推进机构。

美国成立了对储蓄贷款协会和金融机构不良资产进行专业化接管和处置的 RTC，专业的债转股推进机构能够在很大程度上规避各债权人之间的意见分歧，同时能避免因转股不顺而倒回破产清算的现象，有效保障债转股的顺利推进。

（2）注重发挥市场的选择作用。

为保证债权人的最大化利益，美国在债转股开展进程中，充分借助其完善的债权定价机制和高度发达的资本市场，有效利用其完善的市场流通机制，依托赔偿要求权在二级市场上交易。这样不仅扩大了债转股项目的参与主体范围，还增强了资本流动性，美国资本市场的高度发达为破产型债转股的顺利开展提供了有利条件。

（3）构建较为完善的法律体系。

美国颁布了《K 条例》《金融机构改革、复兴和实施法案》《RTC 再融资、重组与改良法》等一系列法律法规，旨在明确 RTC 的职能设置，保障债转股的顺利推进。

（4）通过制度设计有效防范风险。

依据风险分散的基本原则建立资产池，入池资产要进行审慎挑选，对不同类别的资产进行合理搭配和组合，并进行科学估值。设计具体的债转股交易结构时要充分考虑基础资产的特征，完善的制度和科学的制度设计能够保障债转股的顺利开展（卜祥傲，2018）。

通过对美国储贷危机背景下破产型债转股进行分析，可以得到以下启发：一是对于那些陷入经营困境的企业，充分利用市场资源，发挥市场的调节机制，不仅能使企业重生，还能将原债权人的损失降至最低；二是要充分吸收社会资本，扩大资金的来源渠道，加大资本的流动性，如此一来，那些因资金来源不足引发的债转股项目资金难以落地的问题就能得到有效解决。

二、次贷危机背景下的政府主导型债转股

1. 实施背景

21世纪之初，美国网络经济泡沫破裂，加之“9・11恐怖袭击事件”的突发，导致美国经济面临危机。为了促进国家经济恢复活力，美国联邦储备系统（以下简称“美联储”）推出了宽松的货币政策以刺激经济，这样的做法导致美国房地产市场快速膨胀，衍生出了次级房贷产品来满足市场需求。次级房贷产品主要是商业银行针对收入和信用级别较低的家庭推出的特殊产品，与传统房贷产品相比，其借贷条件更为宽松。美国政府为了解决贫富差距，大力推动房地产次级贷款产品，然而房市的过度繁荣导致美国的通货膨胀水平高企，为了应对通货膨胀，美联储又采取紧缩的货币政策。在这种背景下，美国房地产市场突然崩塌，房价走低，大量次级贷款出现违约，到2007年中，美国次贷违约率达到2005年的两倍。次级房贷产品违约率的攀升，使不少次级房贷发放银行和机构的资金链断裂，走向破产，同时这也引发了次级房贷衍生证券的信用违约，意味着美国次贷危机的全面爆发。这次危机发生后，美国政府开始调整基准利率，公开进行市场操作，并组建特定机构和金融监管机构以应对危机。其中，特定机构的救助手段就是债转股，即政府把投入被救助机构的贷款转为股权。不同于储贷危机背景下的破产型债转股，这一时期的债转股被称为政府主导型债转股，并非银行持股，持股权掌握在政府手中，且转股对象比较集中，大量分布于金融业、地产业。

2. 运作机制

次贷危机影响下政府主导型债转股项目的运作机制如图2-2所示。第一步，财政部、美联储将资金打入被救助企业的账户，推动其债务重组；第二步，将救

助资金转变为该对象企业的股权，进行债转股；第三步，在政府的监督参与下，被救助企业顺利完成产能削减、竞争力重塑、公司治理的完善及资产重组等流程；第四步，当救助企业的生产经营活动走向正轨后，借助市场化手段，退出政府持有的企业股份。

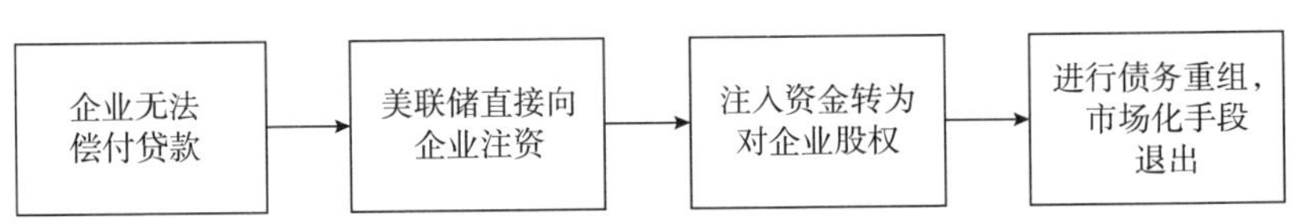

图 2-2　美国政府主导型债转股运作机制

3. 实施效果

虽然这一阶段的政府主导型债转股在市场化程度上明显落后于上一阶段的破产型债转股，但由于两个时期的债转股实施背景有显著差异，因而此次次贷危机给美国的金融和经济发展带来了更大的风险，政府参与在当时是非常必要的。在实施效果上，此阶段政府主导型债转股的实施是比较成功的，政府的救助缓解了金融机构和企业的经营困境。通过持有被救助企业的股权，政府能够高度渗透和参与到企业的经营管理中，不仅使这些被救助企业的经营走上了正轨，还维护了美国房价的平衡稳定，促使美国经济发展逐步向好。

4. 实施特点

（1）“政府+市场”双助力。

在本次债转股项目的实施中，虽然美国政府起到了主导作用，但在救助的整个过程中，市场机制发挥的作用也不容小觑。首先，美国政府对被救助企业的筛选及救助实施过程中方案的不断修正，都建立在该被救助企业的财务表现及市场表现上。其次，救助计划将金融市场上的基础利率视为利息率、股息率制定和调整的基础。此外，美联储与财政部的进入和退出均是在二级市场上通过买卖救助企业的股票实现的。

（2）以法律法规为引导。

在此次债转股实施当中，美国政府出台了明确、详细的法律法规。例如，在《2008 年经济稳定紧急法案》未颁布前，美联储以《联邦储备法》第 13 章第

3 款规定为依据开展债转股，该法规定在紧急情况下，金融机构是否能获得紧急贷款可以由美联储理事会投票表决。

第三节 波兰经验

一、实施背景

20 世纪 90 年代初，波兰遭受了严峻的经济衰退，加之商业化后的国有银行在经济转轨时期承接了许多传统经济体制遗留的坏账，致使银行不良债务数额急剧攀升。九家商业银行的资产质量严重恶化，不良贷款率甚至高达 40%，不良资产问题极为严重。就不良贷款的相对规模来说，国有企业陷入困境导致银行不良债务占波兰 GDP 的比重达 7%。截至 1992 年，六成以上国有企业资不抵债，不能如期还本付息，出现违约甚至破产，商业银行不良资产的处置问题变得极为紧迫。为了缓解国有企业大规模破产倒闭的萧条现象，20 世纪 90 年代初波兰开始实施银行直接参与型债转股，一方面为了有效处置商业银行的不良贷款问题，降低不良贷款率；另一方面可将债转股模式视为配合经济体制转型的有效方式。

二、运作机制

波兰所实施的银行直接参与型债转股的具体运作机制如图 2-3 所示。首先，波兰政府借助财政拨款及长期债券等渠道，将资金一次性注入债权银行，旨在增加债券银行的资本充足率，具体注资金额需要审计协商。政府选择将资金一次性注入债权银行是为了让其自负盈亏，不为其提供债转股失败的后路，这样能够激发银行参与企业重组的积极性。实际上，仅 1993 年，波兰政府向九家国有银行累计注入资金高达 7.5 亿美元。其次，每家银行都会设立专门处置自身不良资产的独立部门，即沉淀资产管理部门，该部门主要负责接入银行的可疑或亏损资产。最后，债权银行与企业谈判将债权转为股权，债转股实施后，银行的股权退出时间最长为三年，三年内要实现股权的平稳退出。值得注意的是，银行对单家企业的债转股规模上限为该银行资本金的 25%，即单家企业债转股的最大规模不能超过该值。就企业而言，要明确还款时间并拟定经营重组计划，倘若企业不能在规定时间完成重组，则银行可以对该企业进行强制破产清算。

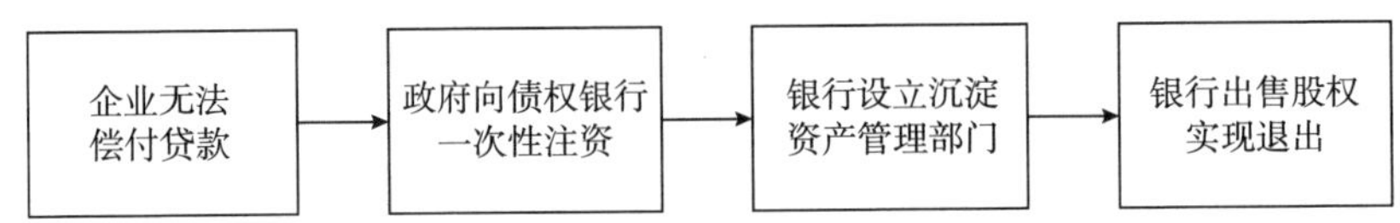

图 2-3　波兰银行直接参与型债转股运作机制

三、实施效果

国内资本市场环境和银行业务能力均会影响波兰银行直接参与型债转股的实施效果，尽管波兰政府实施债转股的初衷是为了处置不良资产，但实际执行效果并不乐观。截至 1994 年末，波兰通过债转股模式处置的不良资产仅为其不良资产总额的 2%。波兰债转股实施效果不理想的原因可能在于：第一，债转股模式会对国有企业股权进行稀释，这与政府部门的利益相矛盾。债转股的实施会将国有企业的股权转入商业银行手中，这在很大程度上削减了政府对国有企业的控制程度，因此隐藏的行政博弈阻碍了债转股的实施进度。第二，不完善的操作制度使银行转股率较低。制度缺陷主要表现在税收制度和债权出售市场机制上，具体来看：在税收制度上，相较于重组，债权转化后企业就不能享受税费扣减；在债权出售市场机制上，债权出售市场的转换程序冗长烦琐（刘国辉，2016）。

四、实施特点

1. 赋予债权人更多主动权

第一，转股完成后的企业重组是由银行等金融机构控制的，风险和收益都由银行自主承担，使资金利用更加有效；第二，银行获得准司法权力，波兰政府在 1993 年颁布的《企业与银行财务重组法》指出，只要未清偿债务总额的一半债权人同意银行实施债转股，那么银行就被赋予准司法权力，能够作为所有债权人的代表与债务企业进行谈判，从而使双方达成一致协议（王华萍，2016）。

2. 设立专门部门处理不良资产

一方面，银行收到政府通过财政拨款和发行债券向其注入的资本金后，在其

内部成立专业的沉淀资产管理部门，专门负责坏账及不良资产的处置；另一方面，政府也在其内部成立专业的清算部门，专门负责接管企业的债务，规避系统性危机的发生。同时，波兰政府还在财政部下成立专门的银行与企业重组监督委员会，主要负责对企业重组计划的执行过程进行监督，这一系列专业部门的设立使波兰的债转股更加专业规范。

3. 明确债转股临时属性

在此次债转股实施过程中商业银行虽持有企业股权，但并未对市场经济运行产生负面影响，原因在于相关法律法规明确指出了债转股的“临时性”，这阻止了经济隐患的产生。重组法明确指出，除了那些已经破产的银行或者与企业签订了庭外调解协议的银行，其余所有债权银行在二级市场上处置不良资产的时间不得晚于 1994 年 3 月。即使那些银行与企业签订了庭外调解协议，但由于该协议是一种临时性措施，最长时限为三年，即从 1993 年 3 月到 1996 年 3 月，因此商业银行持有企业股权的时间最长也不会多于三年（刘启迪、刘妍，2017）。

4. 审慎限制债转股规模

为了控制债转股可能造成的风险，重组法指出债权银行对单个企业实施债转股的规模上限是该银行资本金的 25%，只有两家特殊的银行可以将债转股的规模上限扩大至该银行资本金的 35%~50%。

5. 灵活出台新法规

在债转股实施前，波兰法律同样不允许商业银行持有非金融企业的债权。为了保障债转股的顺利推进，波兰政府灵活颁布新法规，突破债转股实施过程中的制度障碍。例如，突破银行不可持股限制，主要包括两大核心的法律制度：第一，银行调节协议（BCAs）指出债权银行拥有准司法权力，银行债权可在二级市场上公开销售，或将其置换为企业股权；第二，转股完成后，为了防止商业银行维持坏账企业经营的动机，重组法明确指出商业银行不能对企业借新还旧。

6. 进行资产重组，防范还款风险

债权银行通过对企业实施债务重组和经营重组等方式防范企业的还款风险，即要求坏账企业在规定期限内完成重组计划，同时要明确列出还款的具体时间和来源，若无法按期偿还，那么该企业会被强制性进行破产清算。

第四节　日本经验

一、实施背景

二战结束后，日本实体企业的经营陷入困境，主办银行制度应运而生，加强了银企之间的关联程度，企业对银行的依赖性日渐增强，两大主体之间表现出荣损与共的排他性关系，企业的贷款需求进一步加大。20 世纪 90 年代，日本楼市泡沫的破裂使资产价格断崖式下跌，大量企业濒临破产，银行产生了巨额不良贷款。为了解决这一困境，日本政府十余年间采取了一系列政策措施对银行的不良贷款进行处置，其中包括债转股这一重要的不良资产处置手段。日本实施的是银行间接参与型债转股，该债转股模式以美国 RTC 模式为基础，主要是通过成立东京共同银行及共同债权收购公司等专业化债权管理与处置机构来处置不良资产。此种债转股模式的特色在于其引入母子公司的形式，即银行不直接参与企业的管理，而是以子公司为媒介间接管理企业运营及不良贷款，是一种子公司管理企业、母公司管理子公司的经营管理模式。

二、运作机制

日本实施的银行间接参与型债转股的运作机制如下：首先，日本政府对企业账户进行分离，将其划分为新旧两类账户，并评估旧账户的资产价值和负债价值，然后按照“资产先核销、负债后核销”的原则处理旧账户，从而缓解企业的债务压力。其次，日本以美国 RTC 模式为基础，先后成立东京共同银行、共同债权收购公司、住专债权管理公司等专业化机构，主要负责处理住宅金融专业公司和中型信用社存在的不良资产。银行在以贷款方式为企业注资的同时，还向企业提供了资源管理和金融服务。不同于波兰实施的银行直接参与型债转股，日本实施的银行间接参与型债转股通过银行的下设独立子公司实现不良资产的处置，母银行只拥有对子公司的控股权，并不直接干涉转股事宜。随着债转股的进一步发展，1996 年日本对东京共同银行进行改组，将其与住专债权管理公司合

并，形成整理回收机构。该机构主要依靠存款保险机构的资金支持，主要负责回收和处置银行的不良资产，被称为日本版的“RTC”，存款保险机构与整理回收机构的协同合作为债转股的顺利实施提供了保障。

三、实施效果

从实施效果来看，日本瑞穗金融集团在债转股开展过程中所取得的成效十分显著。该集团成立于日本不良资产处置的第二阶段，由日本兴业、富士和第一劝业这三家银行合并，该集团的资产规模在 2002 年末达到 149 万亿日元，是日本较大的金融集团。然而，该集团不良资产数额巨大，截至 2002 年，亏损额已经达到万亿日元，到 2003 年 4 月末，不良资产比率已经达到 6.2%，面临着较为严峻的不良资产处置压力。为了更好地推进债转股的顺利开展，该集团在 2003 年组建三家专业子公司，分类参与不良资产的处置过程，其中两家专业子公司是不良资产管理部门，主要对母银行出现的 35 万亿日元的不良贷款进行剥离和集中处理；另一家专业子公司主要负责给两大不良资产管理部门提供不良资产处置方案和形式等方面的建议。就持股方式来说，子公司选择持有优先股，既能优先分配企业利润，又能锁定部分收益。日本银行间接参与债转股的实施较为成功地处理了瑞穗金融集团的问题资产，截至 2006 年 4 月末，该集团的不良资产比率已经下降到 1.41%，处于较低水平，同时如期偿还了不良资产处置过程中引入的政府借款。

四、实施特点

1. 采用“母银行—子公司”形式

母银行持有其下设子公司股权，并不直接介入转股企业不良资产的处置过程，其下设子公司持有转股企业的股权，能够直接对转股企业进行管理，并直接参与转股企业不良资产的处置，即母银行对子公司负责，子公司对转股企业负责。这种“母银行—子公司”形式一方面使银行在债转股的过程中规避了其不能直接持有非金融企业股权的法律限制；另一方面子公司将母银行的不良资产转移至表外，有效化解了母银行存在的资本约束，进一步降低了母银行的不良贷款风险，而且子公司相对独立地参与债转股的全过程能较好地规避风险。此外，日本颁布的《禁止私人垄断和确保公正交易法》指出，金融机构能够持有非金融企业不高于5%的股权，这一规定将债转股的规模控制在合理范围内。

2. 注重分类处理不良资产

在日本债转股进程中筛选出的债转股对象企业主要包括上市企业及将来有较大潜力的上市企业。在重组过程中，不良资产的分类标准相当严格，两家专业子公司对不良资产进行分类处置。对于那些重组后只能产生有限经济效益的债权，子公司应该采取抛售策略，防止债权价值下跌；对于那些已经上市或将来有较大潜力上市、能产生较大经济效益的债权企业，子公司应该将企业债权转化为专业子公司对企业的股权，并参与到债权企业的经营管理过程中，达到债权回收的效果。与此同时，日本实施的债转股模式是将债权转为优先股，充分发挥了优先股的股息收入优势（叶文辉，2017）。

通过探索日本实施的银行间接参与型债转股，我们得出以下几点经验：第一，政府对债转股参与力度的降低及对市场机制的不断完善，使子公司在筛选优质债转股实施对象的过程中能够充分发挥市场机制的筛选作用；第二，银行与债权企业之间的关系应保持在某种程度上，同时企业要履行信息披露义务，子公司要履行监管义务；第三，转股完成后，子公司不能长期持有企业股权，应当选择合适的股权退出时间。

第五节　小结

通过对美国、波兰、日本等主要债转股实施国家的转股背景、运作机制、实施效果及特点进行分析，可以发现美国的破产型债转股通过 RTC 将债权转为在金融市场上履行流通交易职能的赔偿请求权，依托赔偿请求权的流通交易，将市场的选择机制充分发挥出来，即美国在债转股进程中注重发挥市场的选择作用，并构建完善的法律体系，这是我国债转股开展过程中应当学习和借鉴之处。在波兰的银行直接参与型债转股中，政府将财政资金一次性注入债权银行，并在每家债权银行设立专门的沉淀资产管理部门，负责接入可疑或亏损资产，同时颁布《企业与银行财务重组法》，为银行重组不良资产创造良好的制度环境。然而，由于该模式会对国有企业股权进行稀释，这与政府部门的利益相矛盾，因此实施

效果并不可观。鉴于此，我国在开展债转股的过程中要综合考虑政府部门的利益，避免债转股的开展与政府部门利益相悖。日本的银行间接参与型债转股引入“母银行—子公司”形式，子公司将母银行的不良资产转移至表外，有效化解了母银行存在的资本约束，进一步降低了母银行的不良贷款风险。同时，日本将债转股的规模控制在合理范围内，并对不良资产进行分类处置，这对我国债转股业务的开展起到了引导作用。

进一步地，通过对比上述多国实施债转股项目的经验可以发现，这些国家债转股的实施细则既具有共性，也具有差异性（王朝阳等，2016）。从共性来看，主要有以下两个方面：

（1）特殊经济背景是债转股项目实施的主要“推手”。

债转股项目的实施一般是由大量企业陷入债务困境所致，债务累计导致银行系统的不良贷款率大幅上升，致使系统性金融危机发生。因此，要想化解银行的不良资产，要先改善企业的生产经营状况，企业产生经营利润才有能力偿还债务，债转股是在危机背景下综合考虑多方利益选择出的有效模式。

（2）债转股项目的实施需要政府出台一系列制度作为保障。

通过分析多国债转股的经验发现，债转股项目的实施需要政府出台一系列制度，无论是指导意见，还是有针对性的政策法规，都有利于债转股项目的顺利实施。例如，为了推行债转股，美国政府颁布了《K 条例》，同时为了保证债转股项目实施，还出台了《金融机构改革、复兴和实施法案》等一系列法律法规，旨在明确 RTC 的职能设置，保障债转股的有效开展。波兰颁布的银行调解协议（BCAs）指明，债权银行拥有准司法权力，同时为了防止转股完成后商业银行维持坏账企业经营的动机，又出台了《企业与银行财务重组法》禁止商业银行对企业借新还旧。日本先对商业银行法进行了修订，之后又出台了《机械工业振兴临时措施法》等法案，旨在为债转股项目的顺利实施创造了有利条件。

从差异性来看，各国债转股的实施细则不尽相同。在选择债转股对象企业时，不同国家关注的重点均为地方经济发展的需求。例如，日本在选择债转股企业的时候，会将企业规模、对地方经济的影响、不良资产率等作为参考依据，以此进行债务回收概率的预估，进而有针对性地选择、控制债转股对象企业的范围。从退出方式和退出期限来说，股权退出方式的选择要综合考虑债转股实施国家资本市场的完善程度，退出期限的选择要考虑债转股实施国家的经济恢复程度。

第三章　中国市场化债转股的实施历程

第一节　中国市场化债转股的实施背景

一、宏观经济增幅趋缓，通缩压力大

近年来，中国经济发展进入增长速度换挡期、结构调整阵痛期、前期刺激政策消化期，经济结构性改革向更深层次推进，国内宏观经济稳步增长。2008 年，受全球金融危机的影响，GDP 增速飞速下滑，2009 年一系列投资计划使经济快速反弹至危机发生之前的水平，而金融危机时期投资过热所产生的负面影响在 2011 年后才逐步显现。从 2011 年 3 月及 2015 年 12 月两个时间点的截面数据来看，GDP 同比增长率由 10.2%降至 6.9%，在不足五年的时间里增速下滑了 32.35%，经济从高速发展转向中高速发展。与此同时，居民消费价格指数（CPI）反映的国内宏观经济增长呈现一定程度的通缩压力，CPI 同比值由 105.4 降至 101.64。此外，工业生产者出厂价格指数（PPI）同比值自 2011 年 3 月以来呈现持续下降趋势，尤其是 2012 年 3 月至 2016 年 9 月，PPI 同比值连续保持负增长，截至 2016 年 10 月才实现由负转正，但经济下行压力仍然较大。

二、企业负债率高，去杠杆压力大

在经济快速发展时期，企业经营模式逐渐趋向于负债发展，以国有企业为首

的部分企业对盈利空间收缩、资金流通环节薄弱、应收账款堆积、债务高企的命运避之不及。企业平均资产负债率从 2008 年的 52%升至 2015 年的 66.33%。截至 2015 年底，钢铁行业资产负债率达到了 66.70%，煤炭行业平均资产负债率也达到了 67.7%的高位，两者均高于企业平均资产负债率，债务压力水涨船高，呈现出向国有企业聚集的态势。与此同时，企业加杠杆趋势逐渐凸显。2008 年之前，非金融企业部门债务占 GDP 的比重一直稳定在 100%以内。2008 年全球金融危机后，非金融企业杠杆率由 2008 年的 98.00%上升到 2015 年的 166.00%，处于国际较高水平。此外，受经销渠道障碍、“三角债”“多角债”等不利因素的制约，部分企业资金周转压力仍无法消除。

三、企业经营效益下降，债务违约现象频发

随着金融改革向纵深发展，融资工具不断创新，近年来企业通过发债获得的融资规模越来越大。企业债券融资在社会总融资规模中的占比由 2008 年的 7.9%提升至 2015 年的 16.85%。然而，由于经济处于下行期，大宗商品价格持续下跌，居高不下的杠杆率及负债率使企业处于困境。2011 年以来，几乎所有国有工业企业及规模以上的非国有工业企业的利润增速大幅下滑，企业的亏损额增速大幅提升，已有诸多企业陷入“借债—还债—借更多债—还更多债”的恶性循环中，债务违约案例层出不穷。这种矛盾在煤炭、钢铁等行业中表现得尤其突出。

四、商业银行不良贷款“双升”，盈利能力下降

商业银行不良贷款余额及不良贷款率随之上升，盈利能力开始下降。在库存居高不下等背景下，不良贷款持续反弹，2016 年第四季度末达到 15123 亿元，比 2008 年全球金融危机期间最高额 12654.3 亿元还多 2468.7 亿元。同样，不良贷款率也出现了持续反弹，2016 年第四季度末达到 1.74%。拨备覆盖率近年来持续下降，这也反映了商业银行面临的经营压力。商业银行不良“双升”，盈利能力开始下滑，2011 年第四季度末至 2016 年第四季度末，累计净利润同比增速由 36.34%骤降至 3.54%，下降幅度达 90.26%，2015 年第二季度末一度降至 1.54%。

第二节　第一轮债转股

一、相关背景

20 世纪 90 年代末，受国有企业三年改革脱困压力及宏观经济通缩压力的双重夹击，国有商业银行不良贷款率居高不下，宏观经济持续下行。1996~1999 年，GDP 增速持续下滑，经济下行压力及通缩压力双双增大。1999 年，我国 CPI 降到零点以下。与此同时，国有企业经营状况不尽如人意，一边债务负担如泰山压顶，另一边资产负债率有增无减，大多数企业都陷入困境。对于受影响最深的国有工业企业而言，其亏损额自 1990 年以来不断增加，1996~1997 年，其利润总额甚至无法完全弥补其亏损额，1997 年的亏损额高达 830.95 亿元，是 1990 年的 2.4 倍。同时，资产负债率持续走高，1995 年甚至高达 85%，经营不佳加之高负债率，这对国有企业而言无疑是雪上加霜。诸多企业对沉重的债务负担有心无力，接二连三地陷入债务困境。究其原因，主要体现在以下三个方面：一是国有企业内部未及时形成完备的治理体系，政企难分、激励制度缺陷等问题仍摆在企业管理层面前，对企业的健康发展如同悬顶之剑；二是国有企业所需承担的“如职工养老、医疗、教育等”义务与其实现经营利润最大化的目标相互掣肘，国有企业在维持企业形象、提高社会声誉等方面往往存在特殊的需求，因此经营目标逐渐趋于多元化，无法心无旁骛地只抓利润；三是国有企业在预算方面过于谨慎，在多数情况下存在过度举债问题，其债务虽有政府财政政策兜底，但在“拨改贷”政策的作用下其资本金并不充裕，企业与商业银行之间的相互依赖程度较高。

众所周知，我国 20 世纪 90 年代商业银行的主要贷款对象为国有企业，其贷款总额占据商业银行各项贷款总额约 2/3，两者之间难以分割的利益共同体已然形成，一旦国有企业无力偿清贷款，国有商业银行将直接面临不良贷款比率过高的风险。1999 年，我国国有商业银行的不良贷款比例高达 39%，正是这种关系的直观体现。因此，通过债转股剥离商业银行不良贷款迫在眉睫。基于上述背

景，1999 年实施债转股的主要目的有以下三点：其一，盘活商业银行不良资产，提升资产流动性以应对金融风险；其二，助力债转股企业扭亏为盈；其三，建设现代企业制度，促进企业经营机制的转变与创新。

二、具体实施

1. 实施方式

第一轮债转股的主要思路如下：政府主导成立信达、东方、长城、华融四家资产管理公司，一一对应四大国有银行，帮助其剥离坏账。其运作过程主要包括以下几个步骤：一是不良资产转移。以省份为单位，各省经济贸易委员会依据相关门槛对候选企业进行筛除，将通过审查的企业上报至国家经济贸易委员会，国家经济贸易委员会将这些条件符合的企业推荐给 AMC，四大行将其不良贷款划转至各自的 AMC，贷款价值按账面价值计算。二是债转股方案协定。根据国家经济贸易委员下发的债转股企业名单，四家 AMC 与债转股对象企业一一协商，确定具体的债转股方案和企业改革重组方案，审核后若不存在其他问题，就可以签订债转股合同。三是审批后再实施。审批完成后，仍需得到国务院的批准，然后才可将批准的方案报 AMC 实施。需要注意的是，企业实施债转股须满足以下几个条件：①产品品种能满足客户需求，有合适的销售渠道，相比同行具有较强的市场竞争力；②工艺技术水平先进、生产设备到位，能够达到国家环保标准；③管理能力较强，债权债务结构清晰；④企业领导的掌控力较强；⑤符合现代企业制度，减员增效、下岗分流等改革任务已落实。

2. 重组方式

一般而言，资产管理公司会在债转股项目实施以后对企业展开重组工作。一般来讲，重组方式主要是 AMC 与转股企业成立新的企业，以转股获得的等值股权对新公司进行投资，待新公司成立后，各方按出资比例共享红利、同担风险。

3. 管理方式

为完善企业经营机制、建立公司治理结构，从根本上提高企业经营业绩，AMC 在一般情况下会参与债转股企业的内部治理。债转股成功实施后，AMC 可依法行使股东权利，派遣相关人员至债转股企业出任监事、董事等管理层职务，以帮助企业建立适合现代经济发展的企业制度和公司治理体系，从而在根本上解决企业经营惨淡的问题。

4. AMC 的股权退出方式

AMC 的股权退出方式有以下几种：①回购。企业按照转股前的债券价值，以自有资金对 AMC 所持股权进行 100%回购。②股权转让。AMC 以不低于每股净资产的价格将其股权转让给第三方。③上市。通过企业首次公开募股（IPO），AMC 可逐步实现股权的退出。

三、实施效果

总体来看，我国第一轮政府主导型债转股项目的运作规模达到 4050 亿元，共涉及 504 家企业，转股金额占到当时国家开发银行和商业银行剥离的不良资产的 30%左右。作为处置不良资产的重要渠道之一，债转股项目的实施能够化解商业银行的不良贷款风险，显著减轻那些盈利能力较好、发展前景广阔，但暂时无法摆脱财务或经营危机的国有企业的债务负担，但是其对推动企业现代化发展、助力企业运营机制转变起到的作用不大。究其原因，债转股的实施并未从根本上改变部分国有企业政企不分的局面，AMC 与企业长期股东的目标产生分歧，前者力求企业早日上市以便退出资本，后者则更加关心企业的盈利能力，激励不相容的问题随之产生，导致 AMC 未能实质性地提升国有企业的经营效益，具体体现在以下几点：①2000~2002 年，虽然企业利息支出减少，并且非经营性资产已经得到剥离，但是国有工业企业的利润总额并未明显提升；②经过 1999 年和 2000 年的快速下降后，2001~2003 年国有工业企业的资产负债率并未继续下降，说明债转股后国有企业的实际效益未能提高；③部分债转股企业未能成功“脱贫摘帽”，甚至出现返贫现象。

四、存在的问题

（1）部分地方政府强行实施“拉郎配”，行政干预严重。

《关于实施债权转股权若干问题的意见》对政策性债转股备选企业作出详细规定，强调只有管理能力及技术手段相对先进、主营产品具有广阔市场前景、暂时面临财务或经营困境的国有企业才能成为政策性债转股企业。然而，在债转股企业筛选的过程中，行政干预的问题始终未能较好地避免，AMC 基本上丧失了独立评审权。更有甚者，一些地方政府甚至“强制”AMC 配合。在这种畸形的合作关系下，企业转股后往往无法达到预期效果：有的企业在转股后不久又无法遏制地陷入困境，有的企业始终无法摆脱破产的阴霾。在这样的局面下，各家AMC很难全身而退，截至目前仍然持有当时债转股留下的部分股权未能处置退出，其中许多股份很难出售、无人接盘。毫无疑问，强制“拉郎配”有百害而无一利，债转股股权资产的整体价值和处置前景往往因此大打折扣。

（2）根据相关规定，AMC不能参与企业生产经营活动，因此其难以充分发挥管理作用。

AMC虽为债转股企业的新股东，但其大部分股东权利事实上是被剥夺的，这一问题造成了企业法人治理上的缺陷，AMC在干预企业事务时束手缚脚、瞻前顾后，无法充分发挥其对企业经营管理机制的完善作用。例如，一些转股企业甚至拒绝向股东AMC提供基本财务报告，造成AMC无法了解企业实际运营情况。

（3）AMC作为临时股东，与企业长期股东间出现激励不相容问题。

作为债转股企业的临时股东，AMC的目标是企业能够早日完成上市或按期回购股权，以便自身资本能够退出。企业长期股东的目标是企业的稳健经营、永续发展，以及实现利润最大化，因此激励不相容问题随之产生。这一矛盾亦是AMC无法在建立现代企业制度及公司治理结构等方面为企业提供最全面帮助的主要原因之一。此外，部分国有企业政企职责难分、行政干预问题难以化解等问题，亦导致AMC的股东权利受限。

（4）地方政府表现得过于强势，新股东权益未能得到保证。

作为新股东，债转股后AMC的经济利益并未得到充分保护。例如，一些地方政府或其支持的大股东利用AMC的相对弱势地位，随意挤压AMC及其他小股东的权益空间。上述种种行为导致企业很难按规正常经营，保持健康发展态势，更无法真正建立起现代企业制度及运行机制。

五、启示

从本质上来说，第一轮债转股中存在的主要问题与当时采用行政化而非市场化的方式有千丝万缕的关系。总结第一轮债转股项目存在的问题，可以得到以下几点启示：

（1）选择债转股企业时，发挥市场的主导作用。

在第一轮债转股中，行政干预问题始终悬而未决。AMC未能通过市场机制选择债转股企业，债转股的对象企业良莠不齐、“拉郎配”现象层出不穷。

（2）定价权利应交给市场。

不良资产收购价格及企业回购价格应交由市场定价，否则实施债转股可能对企业减轻财务压力意义不大，亦无法发挥风险分担作用。

（3）AMC 应积极寻求多元化的股权退出方式。

在第一轮债转股项目当中，AMC 股权退出的主要方式为企业回购，这使得企业回购负担沉重，债转股项目的运作功效浮于表面，只局限于时间层面的延缓效应，未能起到分担股权风险的作用，对解决企业困境而言无异于隔靴搔痒。

第三节　第二轮债转股

一、相关背景

“十二五”时期，我国宏观经济增速趋稳，但某些（如钢铁、煤炭等）大型企业的盈利能力下降，不良贷款率明显攀升，加之实体经济增长速率下降、后续增长动力不足、杠杆率激增及结构性问题显著等一系列因素，商业银行净利润急速下降。具体而言，2011 年 12 月至 2015 年 12 月，商业银行净利润同比增速从 36. 34%骤降至 2. 43%，2015 年 6 月一度降至 1. 54%，仅仅 4 年时间便飞速下滑至 93. 31%。2016 年 6 月底，国内各商业银行的不良贷款余额达到 1. 43 万亿元，不良贷款率为 1. 75%。从趋势上看，自 2013 年以来，商业银行不良贷款余额及不良贷款率持续“双升”，预计未来还将面临考验。

与此同时，我国非金融部门对 GDP 的贡献近年来处于上升通道。据国家发展和改革委员会测算，企业杠杆率为 150%，远高于国内其他主要经济体。此外，企业贷款利率居高不下，债务风险积重难返，利润空间被不断挤压，致使其生存如履薄冰。在杠杆率节节攀升、债务规模不断扩大的双重冲击下，企业利息支出水涨船高，企业财务负担进一步加重。为控制企业杠杆率，国务院于 2016 年 9 月 22 日印发了《关于积极稳妥降低企业杠杆率的意见》及其附件《关于市场化银行债权转股权的指导意见》，这标志着第一轮债转股实施 17 年后，新一轮债转

股的正式启动。作为供给侧结构性改革中“去杠杆”任务的重要工具之一，本轮债转股依托于第一轮债转股的经验，在实施过程中避开了不少弯路。

二、实施流程

1. 明确适用企业和债权范围

（1）适用企业。

本次债转股的适用企业包括：拥有实际可行的企业改革安排及长远发展战略，具有广阔的发展前景的企业；技术水平到位、产品销路广泛、环保要求达标、发展方向主流、核心业务能力较强的企业；资信状况较优，不存在非法转移资产、故意违约等不良信用记录的企业。

鼓励具有较为广阔的发展前景，但暂时无法摆脱财务及经营危机的优质企业实施市场化债转股，包括：因波动频繁的行业周期而陷入困境，但逆转现状的概率较大的企业；因债台高筑而面临巨大财务压力的成长型企业，特别是处于初创阶段的战略性新兴产业领域的后起之秀；钢铁、煤化工等行业中负债率、杠杆率较高的核心企业；与国防信息安全息息相关的战略性企业。

涉及以下情形的企业，不具备发展为市场化债转股对象的条件：扭亏为盈的希望较小、存活机会极其渺茫、已到穷途末路的“僵尸企业”；债权债务结构不清晰的企业；在以往存续期间存在恶意逃废金融债务行为的企业；存在库存商品积压等不良现象无法发挥积极作用的企业。

（2）债权范围。

涉及债权主要分为两部分：一是银行向企业发放一般贷款所形成的债权，二是适当增加的其他类型的债权。此外，转股债权的质量类型由企业、债权人及实施债转股的机构三方通过自主协商确定。

2. 依托实施机构的中介作用开展市场化债转股

根据我国现有规定，一般而言，银行禁止将其债权直接转化为股权，要想实现这一过程，需依靠实施机构的中介作用。基于此，在市场化债转股实施过程中支持银行积极寻求各方面资质均达到门槛的实施机构，鼓励银行牵头设立合法合规的新型专门机构，以便更加专业、高效地服务于市场化债转股；鼓励实施机构通过多种渠道吸收社会资金，整合多方资本的实力；鼓励银行与非本行下属的实施机构形成密切的业务往来，支持银行与非所属实施机构交叉进行市场化债转股。

3. 自主协商市场化债转股的价格与条件

银行、企业及实施机构三方可自主协商，敲定债权转让、转股价格及条件。在某些情况下，债转股可能会涉及多个债权人，此时可由主动发起市场化债转股的债权人或最大债权人牵头，组成债权人委员会，以便更好地协商。

4. 通过市场化渠道筹集债转股资金

实施机构在筹集债转股所需资金时，应当充分依托市场化渠道。例如，通过合法合规渠道吸纳可用于股本投资的社会投资者资金或各类受托管理的资金。若实施机构满足相应条件，既可发行市场化债转股的专项金融债券，也可尝试发行用于市场化债转股的企业债，发行过程中的审批门槛可以相对降低。

5. 对股权变更等相关程序进行规范，依法落实和保护股东权利

对于债转股企业而言，在股东变更、董事会重组等环节应当严格遵守国家相关法律法规，完善工商注册登记或变更登记等必要的手续，恪守相关部门对增发股份的相关规定。实施机构在债转股结束成为新股东后，其合法权益应当受到保护，相关部门应切实保障公司法赋予实施机构的所有股东权利，确保其参与到企业日常经营管理及重大决策中。

6. 股权退出时采取多样的市场化方式

当实施机构产生退出意向时，可与企业自由协商股权退出的方式。若债转股企业已成功 IPO，则实施机构可以在限售期等证券监管规定允许的条件下，依法转让其持有的股份。若债转股企业尚未上市，则通过企业并购、证券交易所上市、区域性股权市场交易、全国中小企业股份转让系统挂牌等渠道退出。

三、运作模式

在国务院印发的《关于市场化银行债权转股权的指导意见》的指引下，债权人与债务人可根据自身情况自主选择对象开展债转股业务，政府仅提供服务，不进行强制干涉。根据债转股的承载主体不同，市场化债转股的运作模式可分为以下两种：第一，银行在被动情况下直接持股，即不通过中介机构，直接将银行所持有的企业债权转化为股权，实施环节较为简便。然而，我国商业银行法规定，若非国家另有规定的特殊情况，商业银行禁止直接持有非金融企业的股权。因此，为避开法律限制，债权银行多采取以股抵债的方式。以股抵债行为本质上

是执行在先、协议在后，是银行在债务企业无资产可执行情况下的追偿手段，属于银行被动债转股。第二，银行依托中介公司实现间接持股。具体而言，商业银行先开设投资子公司，随后将其不良债权尽数转让给投资子公司，从而使债转股的实施过程发生在投资子公司与企业之间，银行不直接参与。相较于银行被动债转股，这种模式相对复杂，但法律风险较低。通过对目前市场化债转股成功案例的分析与梳理可知，此模式具有较强的可操作性。

四、实施效果

通过实施债转股，降成本、去杠杆工作得到有效推进，我国供给侧结构性改革及国有企业改革亦有了新的进展，有利于统筹推进稳增长、促改革、防风险工作。截至目前，已有约 106 家企业、367 个项目积极参与到债转股工作当中，债转股协议金额达 2.3 万亿元，投放落地 9095 亿元，行业覆盖面逐渐扩大，钢铁、煤炭、电力、有色金属、交通运输等 26 个行业均有涉及。

债转股的积极成效主要表现在以下几个方面：

第一，企业杠杆率持续降低。从微观角度来看，截至 2021 年末，全国国有企业资产负债率为 63.7%，同比上升 0.3 个百分点。其中，中央企业为 67.0%，同比上升 0.5 个百分点；地方国有企业为 61.8%，同比上升 0.3 个百分点。从宏观角度来看，中国人民银行公布的数据指出，2018 年末我国总体杠杆率为 272.5%，自 2016 年以来年均上涨 4.8%；国际清算银行公布的数据指出，2021 年末我国总体杠杆率为 264.4%，较 2019 年提高了 18.3%。

第二，国有企业改组改制工作的深化。债转股具有优化企业经营治理结构的优势，通过与国有企业混合所有制改革的紧密结合，债转股在前期能够实现社会闲散资金的吸收归置，到后期实施机构驻派有丰富从业经验的董事、监事及高管进入企业，为其注入新鲜血液，有利于国有企业改组改制工作的开展。

第三，促进优质企业资本实力增强、综合竞争力大大提升。目前，在已落地的债转股项目中，有 1/2 是针对优质企业的，债转股的开展为这些转股企业注入了新的资本，能够有效缓解其融资约束困境，帮助其提升信用等级、释放投资潜力，有利于企业实现稳定经营与长足发展。

第四，对民营企业的发展起到强有力的支持作用。市场化债转股的开展，使部分融资困难、债台高筑的企业获得了一定的流动性，从而走出了困境。

第五，推动企业风险债务的妥善有序处置。企业在应对债务风险时，可将市场化债转股作为处置风险债务的核心手段，从而有效化解“灰犀牛”风险。

第六，推动实现直接融资。市场化、法治化债转股实质上是直接融资形式的一种，为社会资金向股权投资资金的转化提供了新的渠道，在一定程度上促使国内企业的融资结构趋于合理化。

第四节　两轮债转股的异同

一、两轮债转股的相似之处

1. 启动背景大体相同

两轮债转股均是在宏观经济低迷的背景下出台的。由于经济增速缓慢，商业银行不良资产奇高，国有企业债台高筑，银贷机构及企业的债务问题成为国民经济关注的焦点，债转股政策随之出世。就目前的经济形势而言，煤炭、钢铁等传统重工业行业去库存任务任重而道远，企业经营进退维谷，债务堆积如山，偿债能力逐渐丧失。

2. 债转股实施企业的情况相似

在两轮债转股中，资产负债率较高的大型实体企业均是政策开展的核心。长远来看，这些企业蕴含着较强的发展潜力，未来一片光明，预计实施债转股后，企业将脱胎换骨、摆脱阴霾。此外，政府相关规定的出台亦为缩小债转股对象企业的筛选范围起到了至关重要的作用。1999 年，在第一轮债转股开展期间，中国人民银行及国家经济贸易委员会联合颁布的《关于实施债权转股权若干问题的意见》指出，债转股参与企业必须具备质量符合要求、产品适销对路、有市场竞争力、工艺装备先进、管理水平高、债权关系清晰等特点。2017 年，在第二轮债转股开展期间，国务院印发《关于积极稳妥降低企业杠杆率的意见》，明确要求参与第二轮债转股的企业应当是优质企业，必须满足良好的发展前景、产品有市场、技术先进、符合国家环保标准、信用记录良好等条件。

二、两轮债转股的不同之处

随着历史长河向前奔涌，国内外经济环境日新月异，相较于 1999 年第一轮债转股，本轮债转股无论是在规模方面还是在实施环境的复杂程度上都更上了一层楼。为了更好地适应当前的经济环境，本轮债转股在制度设计上做出了一定的改革与创新，与上一轮相比存在较为显著的差异，具体表现为以下几点：

1. 实施方式不同

第一轮债转股是以行政计划的形式进行的，其具体流程为，原各省经济贸易委员会依据国家出台的相关规定，挑选出拟推荐的企业并上报至原国家经济贸易委员会；原国家经济贸易委员会综合考虑企业的各方面情况，选择资质较为突出的企业推荐给四大 AMC 评审；四大 AMC 依据企业境况量身裁定转股方案，经原经济贸易委员会、中国人民银行及财政部审核，报国务院批复后实施。与之不同的是，本轮债转股完全由商业银行、实施机构及目标企业间的双向选择决定，遵循市场化原则，不存在行政干预。

2. 市场化程度不同

第一轮债转股主要通过行政化运作方式开展，政府相关部门扮演主要执行者角色，根据上级行政指令进行转股，债转股企业的范围及基本条件、债转股额度、债转股定价等都受到行政干预，同时转股风险由国家财政兜底，属于政策性集中式债转股。本轮债转股以市场化为主要手段，充分依托市场机制的调节功能，各项事务均由参与的各方主体协商确定，政府不过多干预，因而银行在债转股企业的选择、资产确定、条款细则等方面拥有更多的话语权。

综上所述，第一轮债转股是由政府主导的，而本轮债转股是由市场主导的。相较之下，在本轮债转股中银企能够拥有更多自主抉择的权利。

3. 债转股企业及债权范围不同

由于商业银行贷款率居高不下，长期处于 20%以上，上一轮债转股将重心放在了对银行不良贷款的处理上。与之不同的是，本轮债转股将市场化作为首要纲领，在实施过程中，债转股对象企业的生产能力和项目概况必须达到国家规定的门槛并符合法律的规定。在严格的筛选机制下，出清的“僵尸企业”被排除在外，一些较为边缘化的不良资产被救济。基于上述对比不难发现，本轮债转股多聚焦于虽暂时陷入经营困境，但未来发展潜力不可小觑的企业，在筛选企业的过程中，更多关注的是企业未来的发展前景及扭亏为盈的潜力，注重债务策略安排的合理程度。此外，本轮债转股的试点对象同时持有不良贷款资产、关注类及正常类贷款，甚至地方政府债务，债权范围较广，同时商业银行的不良贷款率亦不似第一轮债转股那么严重，这足以体现出本次债转股的主动性及前瞻性。

4. 债转股的股权承接主体不同

第一轮债转股对不良贷款采取的主要处理方式是政府主导下的财政注资，政府专设的四大 AMC 共剥离四大行的不良资产达 1.4 万亿元，其中采用债转股方式剥离的资产达 4000 亿元。与之不同的是，本轮债转股规定，禁止银行将其债权直接转换为股权，必须通过国有资本投资运营公司、金融资产管理公司、保险资产管理机构及银行所属机构的中介作用完成股权的承接，同时大力支持社会资本、私募股权投资基金积极参与其中。在实施过程中，本项目引入社会资金作为股权投资，致使企业经营主体进一步向市场化、多元化迈进。对比两轮债转股，第一轮债转股中的股权承接主体仅限于 AMC，而本轮债转股中的股权承接主体在 AMC 的基础上有所增加。

5. 审批流程不同

第一轮债转股实行审批制。企业在正式启动债转股项目前，需要自主申报并经过多级审批，本轮债转股则直接将正面清单列示在指导意见中。

6. 实施规模不同

在第一轮债转股中，共有 600 多家企业提交申请并获得推荐资格，经过相关机构的层层评审，最终确定的债转股规模为 5000 亿元。然而，600 多家企业并非全部成功实施债转股，债转股总额仅为 4000 亿元。经过 17 年的发展与进步，在 2016 年本轮债转股启动之时，我国经济发展水平、企业资产负债规模、企业数量已不可同日而语，因而本轮债转股有多家规模庞大的金融机构参与其中，百亿级别的债转股项目屡见不鲜。

7. 资金来源不同

上一轮债转股的资金来源主要为财政拨款、金融债及银行贷款，本轮债转股则积极寻求社会资金，主要着眼于包括受托管理的各类资金在内的、适合进行股本投资的资金，同时积极探索发行专门针对债转股的金融债券、企业债券，政府不再为全部债转股损失买单。除此之外，募资金、保险资金、信托基金等众多社会资本亦在本轮债转股的资金考虑范围之内。

8. 债转股目标不同

第一轮债转股的实施与三年脱困目标的实现有直接关系。当时，占国内企业30%的国有企业在国民经济中发挥着极其重要的作用，大力推动国有企业经营机制改革，在释放市场经济活力方面起着中流砥柱的作用。相较之下，本轮债转股的情况迥然不同，国有企业在国内企业中的比重已大幅下降到1%，中小企业成为经济发展的中坚力量，且企业亏损状况远没有先前那般严重，债转股的实施主要致力于通过企业间的资产重组与兼并实现“市场出清”，进一步提高市场对资源的配置效率。我国社会杠杆率自20世纪90年代以来不断攀升，企业的高杠杆问题已成为经济发展的“慢性毒药”，市场化债转股的实施对这一局面而言无疑是“对症下药”，因此其亦被视为供给侧结构性改革中消除杠杆的重要手段。

9. 股权退出方式不同

在上一轮债转股中，企业回购是股权退出的主要方式。然而，本轮债转股允许各方参与主体就股权退出方式进行自由协商，在此机制下股权退出方式将朝着更加多元化的方向发展。例如，已上市公司可通过二级市场转让股份退出；非上市公司可通过企业间并购、新三板挂牌、区域性股权市场交易、证券交易所上市等渠道退出。

10. 技术水平及资本市场发展程度不同

与上一轮债转股相比，本轮债转股更具有技术优势，具体表现在工业技术的快速发展及金融工具的极大丰富等方面。例如，先进的技术更有利于市场对资优企业充分发挥其资源配置功能，进一步助力我国经济结构的深层次变革；丰富的金融工具更有利于债转股接盘方的转让退出。另外，我国资本市场近年来逐渐趋于成熟，参与证券市场投资的个人投资者与日俱增，股民整体受教育程度不断提高，这对本轮债转股募集社会资金而言是一个利好消息，加之各种灵活多样的金融工具及先进技术的辅助，因此转股后的股权退出难度将进一步降低。

11. 法律环境不同

在上一轮政策性债转股实施前，企业清算法尚未颁布，我国在企业破产清算方面没有成型法律。本轮市场化债转股所依据的法律法规较17年前有了质的飞跃，先前的破产政策已被摒弃，新修订的公司法取而代之。企业破产法自出世亦经历了10年的实践检验，特别需要指出的是企业因资不抵债、缺乏偿债能力而申请破产后，可通过重整程序避免清算，债转股可以作为一种重整方式。

第四章　供给侧结构性改革背景下的市场化债转股及其特征

第一节　市场化债转股的相关概念解析

一、市场化债转股与供给侧结构性改革的关系

目前，我国经济正面临着较为严重的结构失衡问题，中低端行业供应能力缺乏科技性、精细化和创新性，供给结构不能顺应消费需求的发展。要降成本、补短板、去产能、去杠杆、去库存，客观上需要改革生产要素的供给方式、供给结构及供给体系，改变传统广义经济的发展模式，使社会长期发展的总供给与社会需求结构相匹配。从微观层面来说，企业发展策略的改变、产业布局的调整、生产技术的创新及业务管理方式的改变，对企业积极适应市场需求、提高市场核心竞争力有着巨大的帮助。然而，这些措施从一开始便需要大量的资本投入，并且要花费相当长的时间才能初步实现较为可观的经济效益。受经济衰退的影响，这些企业往往面临着核心业务恶化、资本链压力巨大及财务风险问题，在转型和升级过程中通常犹豫不决，往往会错过最佳时机，导致其经营困境进一步加剧，继而出现恶性循环。

供给侧结构性改革是实现去杠杆、降成本目标的有效方法。债转股可将企业债券直接转换为不需要严格赎回的股票，使企业的资产负债率和财务成本大大降

低，从而进一步减轻企业的债务负担。机构股东的加入加大了企业监督的力度，对推动企业内部结构改革具有不可忽视的积极作用，促进了企业产业布局和整体战略的优化与协调，为有潜力从事转型发展但存在暂时资金流动性问题的企业提供了周转的空间。此外，债转股的实施亦是解决商业银行不良贷款率居高不下的一种方法。

虽然债转股可以帮助债务企业暂时缓解财务困难，为其业务转型和发展提供空间和机会，但它并不能直接促进企业的生产和运营，只有利用债转股创造的有利环境争取时间、调整企业布局、积极推进生产转型、加强对内部管理体制的深化改革，真正实现降成本、补短板、去产能、去杠杆、去库存，才能实现供给侧结构性改革的最终要求：促进产业进一步升级，优化经济结构，同时改善供应质量（焦昊阳，2019）。供给派经济学家认为生产行为带来的货币供应可以创造满足自身目的的需求，因此他们提倡减税，提倡减少政府的干预和削减政府支出，将资源尽可能分配到自由竞争的市场，并在管理货币供应的同时稳定价格。尽管受到政策的强烈驱动，但政府是否正在增加有效供应、优化供应结构，目前尚不清楚，因为上述积极影响仅适用于使用自由竞争、自由主义来刺激供应以促进减税和经济的理论体系。供给侧结构性改革理论是一种适应中国国情的新经济理论，其前提是要充分利用西方供给经济学理论，同时与中国当前经济结构失衡的具体状况相结合。因此，企业有必要以“三去一降一补”为目标，从机制创新和技术创新入手，继续探索在需求侧采取控制措施的可能性；关注供给侧，以侧面为切入点，优化供应结构。积极适应和引导社会需求，以改善和提高供应质量。在有保证的情况下实现供需之间的长期动态平衡，推动宏观经济措施的更新与升级，转变经济增长方式，长期控制产业，为经济发展注入内生动力。

二、市场化债转股的内涵

市场化债转股是银行将企业持有的债务转化为企业资本的一种方式，信贷通过执行机构被转移到目标企业的资本中。债转股的概念可以追溯到20世纪80年代美国的储贷危机。所谓债转股就是建立一家金融资产管理公司，购买国有商业银行的不良贷款，并将国有企业的不良贷款转换为股票。此外，原来的债务利息将转换为以股票为基础的股息，金融资产管理公司将成为国有企业的股东，依法行使其股东权利，待企业的经济状况改善后，可以通过上市、转让或回购来兑现原始债权人的权利（刘慧勇等，2000；张连起，2001）。目前，对新经济形势的研究主要集中在以市场为导向的债转股、建立债转股监测系统、将债转股与商业银行合并及出售不良贷款方面。

目前，关于债转股概念的研究相对广泛。周小川（1999）较早引入了债转股的概念，他指出债转股是一种保护资产的方式，商业银行希望利用债转股在某种程度上恢复借款人的盈利能力、财务状况及信贷损失。根据我国 2011 年颁发的《公司债权转股权登记管理办法》，债转股涉及债权人对中国境内设立的有限责任公司或股份有限公司的合法权益。从本质上讲，债转股是当借款人的财务状况有所恶化时，商业银行采用的一种资产保全方法，这种方式被认为比破产或清算更具有成本效益。只有当信贷企业不能积极有效地重组自身且通过破产和清算只能收回少量信贷时，银行才能在有效重组中考虑债转股和原始债权，通过降低还本付息的财务负担来恢复公司的盈利能力和财务状况，从而减少信贷损失。债转股不会将企业债务转换为国有资本，也不会以固定利率冲销公司债务，而是将最初的债务与权益关系转变为股份持有，即金融资产管理公司与企业间的持股与被持股、控股和被控股关系，这种关系从最初的债务偿还变成了股利支付。

从国际角度来看，实施债转股的国家在经济困难或信誉下降时，会根据市场情况用本国货币以一定折扣支付其外债，随后债权人以债务人所在国家的货币对企业进行投资，从而将原始债权转换为权益，这种情况被称为债务证券化。2016 年 3 月 16 日，时任总理李克强在两场新闻发布会上提及新一轮债转股交易实施的必要性，他指出基于市场的债转股可以逐步降低企业的杠杆作用。新一轮债转股是一种基于市场的分散交易，其财产、价格及范围等核心要素由各参与方根据市场规则谈判确定，其主要目标是属于正常类别但有可能成为不良资产的贷款，而非已经形成不良资产和没有发展前景的“僵尸企业”。

2019 年 5 月 22 日，国务院常务会议强调，应按照党中央、国务院部署，以市场为导向，依法实施债转股，帮助有市场前景的企业减轻债务压力，促进稳定增长和规避风险。当前，债转股落地规模已超过 9000 亿元，降低了企业的杠杆率并提高了其运营效率，下一步便是直面问题、解决问题，努力增加债转股增量，扩大范围并提高质量。其主要有以下措施：一是建立合理的债转股定价机制，完善国有企业和执法机构的尽职调查和免税措施，创新债转股方式，试行债转股。这是为了鼓励高质量公司、商业部门优先实施债转股，以促进更多项目的

签署与落地。二是改善政策，适当解决金融投资公司和其他机构的问题，这些机构具有较高的风险权重、大量的资本，同时采取多种措施支持其额外资本，允许通过具备一定条件的交易场所来实现股权交易的转换，充分发挥金融资产投资公司在债转股中的重要作用。三是根据法律规定，积极吸引社会力量参与以市场为导向的债转股，优化参与结构，保护社会资本权益。支持投资公司进行金融投资，开发财富管理产品，实现对保险基金和养老金的投资，了解有关公共基金管理产品的信息，鼓励外商投资。

三、市场化债转股的价值目标及意义

1. 市场化债转股的价值目标

实施市场化债转股的目的是通过设计基于市场的债转股交易系统以改善实体经济，从而改善和标准化基于市场的债转股交易，降低实体经济部门的高杠杆率，转换旧股和新股，扩大公司直接融资，实现企业发展目标。具体地，市场化债转股项目实施的价值主要体现在以下几个方面：

第一，以市场为导向的债转股削弱了实体经济的高杠杆效应。中国的实体经济债务问题从 2013 年以来就日益突出，当时国家采取了严格的措施来降低杠杆率，但实体经济的债务比率并未降低。在随后的几年中，国家政策调整受到限制，债务比率持续增高，高负债水平的实体经济带来了一定的系统性风险，一旦短期流动性紧缩问题出现，很可能引发较为严重的贷款违约问题。因此，政府在稳定经济增长后，急需解决的问题是降低实体经济的负债率。因此，如何利用适当的制度设计来调整市场化债转股适用的对象、资金来源和范围，将直接影响中国实体经济的未来发展方向。

第二，通过以市场为导向的债转股来兴盛实体企业的股本资产、盘活存量资金是企业进行结构性改革的重要手段，也是供给侧结构性改革的必经步骤（张振，2008）。以市场为导向的债转股的实施，可以为当前有债务困境的企业及因市场调整而暂时有运营困难的企业降低债务压力，确保企业基础运营和发展能正常维持。此外，将债务人欠银行的债权转换为股票，也是降低银行不良贷款风险的一种方法。

第三，通过拓宽企业的直接融资渠道来实现企业的发展目标。债转股和金融工具一样，也能在债权人与债务人之间提供一种选择权（庞承斌，2020）。通过实施债转股，债权人能够在一定条件下将债务转换为企业股权，债务人也能将债务转换为股权融资。这项权利与期权相似，它可以防止债务人的破产程序损害债权人的债权，也可以为受影响的群体带来低成本的直接融资，给企业的发展带来新的动力。

2. 市场化债转股的意义

债转股起源于美国，属于20世纪80年代的金融创新。当时，对债转股的调查主要集中在绩效评估和资产定价等方面，一些国家还试图将债务转化为资本，以应对国际债务危机。Kenan（1998）认为，一方面债转股分离了银行的不良资产并将其转换为公司权益，能够改善银行的信用状况，盘活银行资金；另一方面金融资产管理公司参与企业管理能够促使企业重组，改变企业单一资本结构，增加资本的活性。尹燕海（2016）分别从企业和银行层面对国家实施债转股政策所带来的积极效应进行了阐述，研究发现债转股可以有效帮助企业去产能、去杠杆、去库存、降成本、补短板，亦可以降低银行不良贷款比率，防止技术性破产，提高银行贷款拨备率与拨备覆盖率，增强抵御风险的能力。娄飞鹏（2016）对四大国有商业银行不良贷款的债转股进行了评价，认为债转股不仅使四大国有商业银行有效剥离了不良资产，使其不良贷款率下降了10个百分点，还使实施债转股的企业经营状况有了较大改善，有助于降低系统性金融风险，维护金融体系稳定，为宏观经济的长期稳健发展提供更加有利的环境。

2016年10月，国务院发布了《关于市场化银行债权转股权的指导意见》，标志着新一轮市场化债转股的开始。自引入市场化债转股以来，许多金融机构都参与其中，但它们发展动力弱、进展缓慢、结果不明显等一系列问题逐渐凸显。先前的文件仅明确规定银行可以建立执行机构来开展业务，但其他金融机构具体如何参与目前尚不清楚，此次指导意见的发布实际上是对保险、私募股权投资基金等机构开展债转股业务的诉求作出回应，有利于更好地推进本轮债转股业务的开展（莫开伟，2018）。显然，债转股的“扩大”可以充分证明“众人拾柴火焰高”的经济影响。鼓励相关机构参与以市场为基础的债转股业务将在未来产生如下影响和变化：

首先，能有效降低企业和整个社会的杠杆率，对系统性金融风险进行预防和控制。在债转股业务整合方面，四家大型资产管理公司和本土资产管理公司拥有丰富的经验，银行、保险基金及私募股权、资产管理产品与股权持有的外国投资

的数量和期限相匹配，具有足够的人力资源和业务资源。参与本轮以市场为导向的债转股的机构越多，越有助于实体企业降低债务比率、提高经营效率。此外，引入外资参与以市场为导向的债转股可快速降低整体社会债务比率，这不仅带来了资本，还带来了专业的管理经验。

其次，使企业的资产和负债结构在短期内得到改善，有助于降低信用风险。将多样化的资本引入以市场为导向的债转股，一方面可以提高企业的经营效率、生产能力，促进其现代化转型；另一方面可以促进债转股产生高质量的增量资本。事实表明，商业银行是债转股市场的主要力量，但其市场活动并不活跃。如果符合要求的保险公司、保险集团（股权投资）和保险资产管理机构能为市场化债转股设立特定的执行机构，那么以商业银行为核心力量的债转股施行团队将扩展其债务转换能力，进一步为债转股市场提供高质量的增量资金。

再次，有助于增强市场信心，充分调动各方面的积极性。资本市场在扩展债转股形式的基础上，进一步扩大了资金来源。筹款是实施债转股项目的难点，但银行可以通过私募股权基金扩大资金来源，私募股权基金可以吸收大量社会资本，且其在债转股回报周期长和股权管理等问题上，具有天然优势。此外，关于出售不良债务问题，商业银行和资产管理公司共同确定了出资比例，同时为实施债转股建立了合伙基金，这不仅拓宽了呆账处理的形式，还促成了资产管理人与商业银行之间的共享机制，有助于调动资产管理人参与呆账处理的积极性。

最后，能提高资本市场服务实体经济的能力。一方面，债转股可以降低银行资产负债表信用额度，为银行提供不良资产出售的新业务，以便在经济增长且业务蓬勃发展时增加超额收益；另一方面，鼓励私募股权、相关资产管理产品和外国资本积极参与债转股，扩大基金的范围。同时，债转股执行机构的多元化股权结构打破了综合限制，使更多的专业机构参与了进来，加强了项目岗位的管理和业务的整合，进而提升了服务实体经济的能力。

四、市场化债转股的理论基础

1. 债务周期理论

1932 年，费雪首次提出“债务—通货紧缩”理论，解释了经济大萧条。他认为，过重的债务负担会使通货紧缩问题加剧。总的来说，债务周期主要有以下三个阶段：

第一，在经济快速增长的影响下，投资者对市场的形势偏向于乐观，高估了资产的价格，致使信贷进一步增长。第二，在经济增长放缓时期，当经济预期恢复中立时，一些经济主体由于积累了过多的债务负担，因而开始偿还债务。当供给超过需求时，债务清算（资产评估活动）很可能导致资产负债率下降，而后资产将以更低的价格被销售。第三，企业不按时偿还银行贷款会导致存款货币缩水，进而降低资金流转速度。在资本流动性下降的刺激下，投资者避险的情绪增强，社会价格指数进一步降低，实际利率上升，实际债务逐渐恶化并陷入恶性循环状态，经济进入“明斯基时刻”（衰退期）。

就当前的债务状况而言，我国进入了经济增长的放缓阶段，即费雪债务周期的前半段。由于我国经济增长的变化，银行放贷对经济增长的促进效应正在减弱。就债务规模而言，在市场化债转股提出之时，国内非金融部门的负债已经达到 185.6 万亿元，远超新兴国家平均水平，国内企业债券约占总债务的 65%。产生这种情况的原因是我国的金融体系以开展间接融资为主，在企业债券中国有企业占比约 70%，因而在政府调控危机过程中，国有企业承担着重要责任。

根据费雪债务周期理论，我国的杠杆率目前处于较高水平，债务危机较容易发生。因此，近年来政府在推动企业去杠杆方面投入了大量的精力，旨在避免企业大量破产、经济进入萧条时期。目前，通过货币紧缩政策进行的直接去杠杆的有效性正在下降。债转股可以看作一种去杠杆的重要方式，可以在增加企业资本的同时，促进公司混合所有制的改革。从企业财务决策过程的微观角度来看，对具有一定发展机遇的周期性企业来说，债转股可以改善其资本结构，并使企业利润和估值均增加 1 倍以上。

2. 委托—代理理论

委托—代理理论是基于信息不对称理论产生的。该理论认为，主代理关系的产生基于以下原因：一是随着生产率的提高，劳动分工变得更加复杂，企业所有者受知识、技能和精力的约束无法行使所有管理权；二是培育了一批具有专业知识和经营能力的高素质、高才能的管理人才，生产力的进一步提高使企业的所有权和控制权互相分离，委托代理关系进而产生。委托人和代理人的利益并不完全匹配，委托人追求自身利益的最大化，首要目标是实现企业价值最大化，而代理人追求工资津贴的最大化，因此两者之间存在一定的利益冲突。在以市场为导向的债转股计划中，商业银行一旦实施了债务与资本的互换，便会成为债转股对象

企业的股东、委托代理关系中的负责人。为确保企业的良性发展，商业银行必须正确行使股东的权利，减少监督机制不够有效时代理人与委托人之间的利益摩擦。

3. 银行业脆弱性理论

银行脆弱性理论是金融脆弱性理论的一个子概念。Minsky 认为，资本市场的周期性变化决定了金融体系的高度不稳定。经济学家戴维斯认为，金融体系的脆弱性是指金融市场出现了特定的波动性。信贷市场、金融资产市场的价格和流动性似乎都是不可预测的，动荡和破产的危险威胁着越来越多的金融公司。更糟糕的是，这种冲击正在蔓延，其风险具有传染性且在不断加强，最终，金融体系中最基本的支付系统和提供资本的能力将被破坏（史颖，2019）。经济学家戴蒙德（Diamond）和戴布维格（Dybvig）于 1983 年正式提出了银行挤兑模型（DD 模型），该模型从银行流动性管理角度出发，解释了银行部门脆弱性的根本原因：第一，银行仅需保留少量流动资金即可满足储户的取款需求，然而一旦发生意料之外的大规模提款，便会暴露资产和负债之间的流动性矛盾，考验着银行的流动性。第二，银行之间的支付与结算系统很复杂，银行业中的流动性风险是相互暴露的，其风险传递速度往往非常快。当一家银行面临偿付问题时，其他银行的偿付能力亦会受到严重影响，当这种影响过大时，各银行会放大彼此的风险，产生多米诺骨牌效应。第三，信用因素包含在银行公司合同中，信用是在各个时期实现购买力分配的基础，资产未来价值的稳定性和未来现金流量的可靠性是主要因素，当不确定性增加或出现信贷问题时，人们的心理预期将会发生改变，从而导致资产价格大幅波动（许志超，2004）。第四，在银行贷款的压力下，企业可能会被迫调整投资行为并增加贷款，甚至可能陷入恶性贷款周期。如若企业延迟付款，银行将不得不承担其所带来的违约成本，同时应对社会存款人的付款风险和流动性风险，金融市场的风险显著提高。

4. MM 理论

1958 年，美国学者 Modigliani 和 Miller 首次提出了 MM 理论。他们认为，公司的盈利能力是决定公司价值的基本因素，公司的价值与公司的资本结构无关。通常，公司的资本成本高于其债务成本，债务融资份额的增加会使加权资本成本下降，但是债务的增加亦会导致公司的风险上升，此时债务融资难度加大、成本上升，进一步增加了加权资本成本。当公司处于无税、无交易成本的情况时，举债所带来的收益恰好被加权资本成本的上涨所抵消，企业价值不变（Modigliani and Merton，1958）。然而，现实中并不存在这样的“完美”资本市场，税收和破产成本等已成为不容忽视的因素。在此情况下，修正的MM理论应运而生，该模型假设权益成本随负债的变化而变化，利率的增长率低于债务的增长率。换言之，随着债务规模的扩大，公司的加权平均资本成本将减少，业务价值将相应增加。

5. 权衡理论

1985年，Scott等提出权衡理论，认为通过合理的举债，公司不仅可以抵消利息支出，还可以为管理层提供激励措施以减少资本代理成本。然而，如果公司过分依赖于债务融资，则会导致财务逐渐出现困难直至破产，增加了破产成本。因此，债务与股权融资之间的最优关系实则是“困难成本”增加与税收节省之间的一种平衡状态（John and Jonathan，1985）。结合权衡理论不难分析出，高负债比率产生的“困难成本”远远超过债务融资的节税收益，因此为优化资本结构，减少债务负债或通过债转股的方式来降低杠杆率显得至关重要。

第二节　市场化债转股的管理要点

一、市场化债转股的制度特性

债转股一方面反映了商讨和自治的原则，另一方面反映了一种换向关系，债权人以放弃对债务人的债权索取权为条件，换取对债务人股权的索取权或者其他股权的索取权（黄欢，2017）。市场化是本轮债转股的基础和灵魂，以市场为导向的债转股主要体现为发挥市场调节机制的作用，即充分利用市场在资源分配中的关键作用，促进企业结构转型，增加企业的创造力，逐步降低企业的杠杆率，把“僵尸企业”和不符合国家产业政策的企业逐渐淘汰掉。

1. 执行机构的多样性

金融资产管理公司并不是实施本次债转股的唯一机构，国家在原有四家主要金融资产管理公司的基础上，引入地方资产管理公司、私人资本及银行子公司参

与其中。根据相关规定：地方资产管理公司从每个省可以设立一家到现在每个省可以设立两家；银行和金融机构可以设立更多子公司，专门用于实施债转股；鼓励第三方机构或多种类型的执行机构参与实施债转股。本次债转股的目的不仅在于保护国有商业银行及国有企业的利益，还在于降低企业居高不下的杠杆率。与以往政策性债转股相比，以市场为导向的债转股具有更强的经济背景和政策背景，实施以市场为导向的债转股可有效降低公司的杠杆率，从而减轻公司的负担，同时可以减轻银行的坏账压力，有助于缓解经济的下行压力。

2. 市场参与者自治性的加强

通常，这种以市场为导向的债转股希望市场实体（如债权人、债务人、执行机构和政府）能够根据自己的需求选择要实施债转股的公司。商业银行牵头现有的金融资产管理公司和本地的资产管理公司参与债转股，同时鼓励私人资本与各执行机构通力合作。一般情况下，债权人和债务人应独立协商交易价格和条款，承担各自的风险并享受利润。债务和股权是按照市场化和合法化原则进行评估和计算的，一般会委托专业的中介机构进行公平估值。股本或股份的价格是根据市场价格确定的，因为转换公司的净资产通常低于权益价值，因此双方进行要协商，在市场价值和原始股票价值之间找到一个平衡点。此外，市场参与者自行商定股份转换条件能够避免将原始的政策性债转股转换为名义或非市场价值债转股的情况，消除不同企业产生道德风险的可能性，同时打消一些公司将债转股视作“免费午餐”、通过债转股逃避债务、虚假增加股东的权益或股份价值的念头。

3. 政府干预功能的逐渐削弱

《国务院关于积极稳妥降低企业杠杆率的意见》（以下简称《意见》）规定，在债转股过程中，政府应发挥协调兼顾作用，保护公司债权人、投资者及雇员的切身利益，防止道德风险，严格打击通过市场化债转股来逃脱债务的行为。另外，政府对整个市场化债转股过程不承担兜底的责任，而是严格依法行事、建立和完善社会信用体系，并试图敦促公司改善其内部治理结构。在基于市场的债转股过程中，政府应削弱其管理作用，这不同于以往主要由政府做决策的政策性债转股。

4. 债转股资金的多种来源

本次以市场为导向的债转股鼓励使用社会融资的形式来筹集资金，以减轻金融资产的压力。国务院在其发布的《意见》中明确强调：“鼓励执行机构依照法律和法规从社会投资者那里筹集资金，尤其是可用于资本投资的资金，包括用于受信管理的各种类型的资金。协助有资格的执行机构专门发行基于市场化的债转股金融债券，研究并批准基于市场的债转股发行企业债，并适当的简化审批过程，鼓励参与私募股权投资基金、风险投资基金、产业投资基金和其他形式的以市场为导向的债转股。”该项规定允许投资机构参与以市场为导向的债转股，充实资本投资市场，通过多种金融服务增加资产的价值，并允许投资银行、关联方及其当事方进行并购和重组，充分利用上游和下游公司提供的全面金融服务，改善债务公司的治理结构。

5. 摆脱债转股股权的不同方式

本次债转股的市场化丰富了股权退出的方式，如并购和重组、IPO 上市、借壳上市等。若债转股公司是一家公开交易的公司，则可以通过在二级市场出售股票来实现股权退出，但应遵守限售期内证券监督和销售的比例规定。对于转股企业还未在交易所上市的，可利用并购和重组、股票回购、全国中小型企业股份转让系统上市及区域性股票市场交易等方式来实现对资本的提取。

二、市场化债转股的发展要素

近年来，随着中国工业经济的迅猛发展，国内各个领域的实体经济，尤其是国有企业的财富，呈现出持续增长的趋势，但随之而来的是各企业财务杠杆普遍提高所带来的财务风险，这为国家实体工业经济的可持续发展埋下了隐患。根据《国务院关于积极稳妥降低企业杠杆率的意见》文件精神，为了能积极稳妥地降低企业负债率，大型、有实力的国有银行，如中国工商银行、中国农业银行、中国银行、交通银行等，以债转股的市场化和法治化为目标，正越来越多地投资金融和实体集团。《关于市场化银行债权转股权实施中有关具体政策问题的通知》就体现了这一精神，并在全国范围内大力促进中央企业与地方国企之间的市场化债转股。

近年来，国家大力推动的以市场为导向的债转股，是对传统债转股概念的进一步扩展和补充。当前，基于市场的债转股克服了以往银行为企业投资提供资金的商业弊端，由于被确定为明股实债，应从权益中进行调整，因而得到了多方权力机构和中介机构的认可。为了成功实现公司资本增加和财务杠杆目标的结构性调整，必须牢固确立以下关键要素：

第一，以市场为导向的债转股投资者通过不动产形式进入被投资公司，享有在被投资公司的投资交易中投票的权利，在必要时可派遣公司的其他董事和监督机构直接采取行动、参与公司的业务管理，在本质上成为被投资公司的少数股东。

第二，为面向市场的债转股设置延续条款，该条款不同于当时的实际存量要求。后者要求被投资公司或其实际控制人在到期时履行回购义务，而前者未对被投资公司或其实际控制人的强制性回购义务提出要求，这意味着在逐渐到期的情况下，投资者将继续保持债务权益型投资者的身份，无须履行当前的付款义务，从而实现其持续投资的目标。

第三，设置年度利息支付条件，类似于权益工具中优先股的固定股息规则。以市场为基础的债转股计划基于股本确定、股本平等原则，若年度利润或相关指标达到预期值，则被投资公司有义务在第二年向所有股东支付股息，并且所有股东均有获得股息的权利，而不是履行仅面向小股东的单一股息义务。反之，若被投资公司未达到预期利润或相关指标，股东可以决定公司是否履行分红义务。

近年来，由于国家诸多相关政策的推动，以市场为导向的债转股已成为股权融资产品。

三、市场化债转股的实施动因

林山等（2002）基于企业资本循环的债转股理论，以马克思关于公司资本正常运作的一般法则为出发点，考察了企业、银行和政府在经济改革中的行为，解释了债转股的合理性。他们认为，债转股的理论渊源可以追溯到马克思的资本循环和资本周转理论，在债转股过程中既要减轻国有企业的负担，又要转变国有企业的经营机制，构建符合大规模社会化一般规律的企业资金流通和周转机制。因此，债转股是公司改善资本结构、促进资本流动和周转的最佳选择。徐平（2005）指出，经济形势的变化迫使国有商业银行改善和健全其内部流程和保留机制，以避免金融风险。国有商业银行迫切要求有效解决违约资产并减少违约资产之间的余额比率，满足可持续发展的战略需求，其已成为债转股最为活跃的推动者。鉴于银行业外部环境的变化，以及对银行业盈利能力的综合考虑，商业银行无需采取太多政治措施即可充分消化和吸收现有的信贷损失。对于银行而言，自有摊销和资产管理公司批量转移是出售坏账的主要手段，债转股的创新是对上述途径的有效补充。更为重要的是，市场化债转股可以促进国有企业的改革，可以通过积极的股权管理降低国有企业的财务成本，从而优化国有企业的经营结构，提高经营效率。

总的来说，实施债转股是基于以下动机：第一，它可以减轻公司的债务负担并提高公司的市场竞争力。第二，通过整合金融资本和产业资本，它可以从债务关系转到股权关系，从还本付息转到以股票为基础的股息，这不仅改变了企业资产的组成，还帮助企业加快了投资改革的步伐，促进了现代业务系统的发展。商业银行亦可牵头金融资产管理公司、保险资产管理机构、国有资本投资管理公司等成为股东参与企业经营管理，为企业提供更好的服务。第三，实施债转股有助于从银行账户中删除一些不良资产，从而加速国有银行的商业化，有效预防和解决财务风险。

第三节 市场化债转股的参与要素

一、参与主体及目标博弈

1. 市场化债转股实施的对象

债转股对象的质量在一定程度上决定了债务对股权投资的有效性。尽管本轮债转股具有市场导向性，但应遵循国务院发布的《关于市场化银行债权转股权的指导意见》中的标准，即根据“两大主要清单”对企业进行比较和筛选，以实现真正意义上的优胜劣汰（李晓叶，2019）。

上轮债转股主要针对公司债务较多且业务难以持续的国有企业。《关于实施债权转股权若干问题的意见》规定，债转股主要建立在商业银行贷款的基础上，面向由于缺乏资本或利率变动而负债过高，导致亏损且难以偿还贷款和利息，在债转股后可以转亏为盈的工业企业。与上一轮债转股不同，本次债转股将“三个鼓励”和“四个禁止”作为选择公司的标准，未设置具体的建议清单。鼓励和引导市场以具有良好发展前景但遇到暂时性困难的高质量企业为债转股目标，尤其是新兴行业中的成长型企业、高负债企业，以及与国家安全相关的战略性企

业。同时，禁止对以下企业开展债转股项目：①失去希望并丧失生存和发展前景的“僵尸企业”；②恶意回避债务的企业；③债务及债权关系复杂且不明确的企业；④助长库存增加的企业。

此外，本次债转股的目标债权范围有所扩大，主要侧重于银行向企业发放贷款而形成的债权，同时将债权质量类型由坏账扩展到正常类贷款。

2. 市场化债转股的目标博弈

债转股过程涉及多个参与者，包括宏观管理部门、商业银行、公司、资产管理公司及社会投资者。它们之间的目标博弈会对债转股过程施加重要影响（李冕，2017）。其中，政府的宏观管理部门在促进债转股中发挥了重要作用，其目的是降低杠杆率；作为债权人的商业银行是债转股的实施方，作为债务人的企业则是债转股的接受方。

（1）政府的宏观调控部门是债转股的重要推动者。政府促进债转股的主要目标是降低和解决系统性金融风险，有两种主要的推广方式：一种是政府主导型，即政府拥有绝对话语权，决定债转股的规模、范围、名单、进程，通过建立专门机构来负责具体的操作；另一种是政府运营型，即政府以政策指导为主并提供相关支撑服务，积极赋予银行及其他市场参与者更大的自主权，以市场为导向进行推广。后者通常在实施规模和速度上无法与前者进行比较，但推广的质量更好，潜在的风险亦更小。

（2）商业银行是债转股的实施者。银行处理不良资产的常用方法包括债务重组、资产证券化和债转股等，每种方法在实际操作中各有优缺点。通常，债务重组（如债务展期、减免和折扣）是首要考虑因素，但它会对银行财务产生重大负面影响，尤其是地方债券增加了商业银行的经营压力。虽然资产证券化可以有效使银行不良资产恢复活力，但在经济低迷时期往往缺少有效的购买者，相较之下，债转股已成为银行处置不良资产的可行手段。银行不得直接对债务企业行使股东权利，因为商业银行法规定，银行不可以直接投资工商企业，需要进行风险隔离。然而，鉴于银行业目前多元化发展和混合业务经营的明显趋势，许多银行的财富管理业务显著增长。商业银行将开展投行及资产管理业务，通过建立专门的子公司，对股权转换资产进行管理。

（3）负债企业是债转股的接受方。债务偿还者通过债转股将债务贷款转换为股权融资，从而改善其资产负债表。就债转股是否适用，企业可以分为三类：

第一类企业是正常运营的企业，其总资产收益率大于或等于资产负债率与平均利率的乘积，并且能够满足计划要求，有能力按期偿还债务，这种类型的企业不需要进行债转股。第二类企业具有良好发展前景，其产品在市场上具有竞争力，但由于高负债率或其他周期性因素，致使资产负债率与平均利率的乘积高于总资产收益。当银行企图收回贷款时，企业可能会陷入困境，甚至会导致破产，这类企业通常最需要实施债转股，且投资风险相对较低。第三类企业是难以经营且没有市场前景的公司，其中一些甚至已经破产，即使债转股可以解决短期财务问题，但也很难改善长期的运营问题，破产清算是这类企业解决财务问题的最好方法。

（4）其他参与主体。资产管理人和社会投资者也可以参与债转股。在上一轮债转股中，我国特别成立了四家主要资产管理公司，用以消化四家国有商业银行的不良资产，同时扮演着债转股过程中第三方运营商的角色。通过成立资产管理公司，国家能够集中处理不良银行资产，这有助于迅速解决国有银行的“技术破产”问题。重组后，商业银行的财务状况变得更加稳定，业务能力变得更加成熟，对运营中的债转股客户亦更加熟悉，且拥有更丰富的资料与经验，可进一步提高目标意识并降低操作风险。

此外，社会投资者也可以通过购买资本市场上商业银行或资产管理公司所持有的公司股票来参与债转股，这些参与者的目标既不相同又相互联系，具有复杂的博弈关系。

第一，政府和银行在利益上目标是一致的，但银行在具体执行时会更加谨慎。政府宏观调控部门促进债转股实施主要是为了去杠杆、解决系统性金融风险。银行作为执行方主要是为了通过出售不良资产来减少信贷损失，在我国金融体系中商业银行处于核心地位，其利益目标实质上与政府非常一致，然而两者之间亦存在区别，相较之下政府会更加积极主动地促进政策实施，以实现具体的宏观经济目标。例如，在上一轮大规模的债转股中，国家制定了严格的目标，要求国有企业在三年内摆脱经济困境；商业银行亦在其特定业务上更加谨慎，尤其是在重组为上市公司之后。银行参与债转股的决策需要获得股东大会和董事会的批准，而债转股公司只有少数债务能顺利收回，这在一定程度上影响了商业银行的积极性。

第二，在利益上，企业和银行的立场是相反的。企业最大的愿望是通过债转股从国家金融机构中获得低成本甚至免费的财政资源，完全解决债务负担，并在

将来的操作中尽可能减少或者根本不用支付股息。这与银行减少坏账损失的目标大相径庭，因此，潜在的逆向选择和道德风险不可小觑。

第三，国有企业与政府之间存在借贷的可能。大多数国有企业的债务水平比较高，这些企业与政府之间有着不可分割的联系，可以通过关系网络来享受债转股的政策红利，但企业会将其负担转移至银行体系中，最终导致系统性金融风险的爆发。

二、市场化债转股参与对企业价值的作用

1. 通过财务改善提高企业绩效

企业执行债转股后最明显的变化是财务状况转变，包括资本结构、债务风险和盈利能力。从企业价值的经济学定义来看，价值因素包括公司的加权资本成本和自由现金流，引入债转股后，通过影响上述两个因素，可以实现公司价值的增长和提高。

首先，债转股会影响企业的加权资本成本。根据资本结构理论，企业加权资本成本与其资本结构有着密切的相关性。因此，实施债转股后企业资本结构的变化主要是指权益占比的增加，这会在一定程度上影响企业的加权资本成本。

其次，债转股会影响企业的自由现金流。实施债转股后，企业会收到大量资金，其中一些资金用于偿还企业债务，另一些资金用于增加企业投资，这样不仅能够降低公司的债务风险，还可提高资金用于公司业务决策的效率。因此，随着债转股的实施，企业财务状况得到改善，业绩得以提高，价值亦得到提升。

2. 增强投资者信心，从而提高企业市场价值

作为上市公司，企业在证券市场上的吸引力可以反映企业价值的大小。企业股票的价值取决于企业的市场价值，根据价值理论，尽管股票价格围绕其内在价值波动，但企业价值和股价是互补的。股票价格的波动可以反映企业所赚取的利润，是市场上测试企业价值的最直接形式。根据信号传递理论，利润分配、股利分配和融资活动会影响投资者在股票市场中的决策行为。债转股后，企业的资本结构发生变化，企业的股本增加，因而债转股可被视作影响企业股价的融资项目。实施债转股可以优化企业的融资结构，向市场发出积极信号，增强投资者的信心并提高其市场价值。

3. 高管股权激励，促进企业长期价值的提升

高管股权激励是企业治理的一种形式，企业往往会向高层管理人员发放公司股权作为激励，使其参与决策、分享利润并承担作为股东的风险，从而使其为企业的长期发展而更好服务。当高级管理人员拥有企业的股本资本时，不仅能够提升其工作热情，还可以降低企业的代理成本，从而促进公司经济绩效的增长。

债转股后，由于企业资本结构发生变化，公司治理手段亦会进行相应的调整。债转股对企业股票激励行为的影响主要基于两个渠道：债务水平和监管。第一，债务融资可以抑制股东与公司高管之间在现金限制、债权人监管限制及破产成本等方面的利益冲突。债转股后，企业的债务水平下降，管理者约束减弱，为了解决委托代理问题并鼓励高管更好工作，企业可以考虑引入高管薪酬激励措施（股权激励）。第二，在企业进行债转股后，银行旗下的资管公司成为企业股东，加强对企业的监督以确保资金安全。由于我国在控制高管薪酬方面存在一些问题，因此引入股权激励制度以鼓励高管努力工作显得非常关键。企业在债转股后，采用股权激励措施可以提高员工忠诚度，从而提高企业的长期价值。

三、对各类社会资本参与市场化债转股的有效动员

2018 年 11 月，国家发展和改革委员会办公厅、中国人民银行办公厅、财政部办公厅、中国银行保险监督管理委员会办公厅和中国证券监督管理委员会办公厅联合发布了《关于鼓励相关机构参与市场化债转股的通知》（以下简称《通知》），鼓励保险公司、私募股权投资基金和其他机构按照法律法规参与市场化、法治化债转股。

该《通知》明确指出，符合条件的保险集团（控股）公司、保险公司、保险资产管理机构可以设立专门的实施机构从事市场化债转股，允许保险业实施机构设立私募股权投资基金，开展以市场为基础的债转股。私募股权投资基金的管理人可以独立或与其他机构一起进行以市场为导向的债转股项目，资金募集和使用应符合相关监管要求。支持外国投资者设立私募股权投资基金，开展以市场为基础的债转股，并允许外资投资金融资产投资公司、金融资产管理公司开展市场化债转股。

同时，该《通知》鼓励银行、信托公司、证券公司、基金管理公司等根据法律法规发行资产管理产品，参与市场化债转股。资金的募集和使用应符合相关

的监管要求，法律法规和金融管理部门另有规定的除外，否则公募资管产品不得投资非上市企业股权，这也符合当前的“资管新规”和“银行理财新规”。

目前，以市场为导向的债转股签约规模已超过1万亿元，参与的主要金融机构有国有大型银行的金融投资子公司和四家大型资产管理公司（AMC），其中前者是新成立的金融机构，专门负责运营市场化债转股项目。然而，目前只有四大商业银行有此类金融许可证，其他想要参与市场化债转股的银行通常会找AMC合作。

不过，应该指出的是，为了让更多的银行可以直接参与以市场为导向的债转股，除了允许符合条件的商业银行单独、联合或与其他社会资本共同成立金融资产投资公司，还应积极支持尚未设立实施机构的商业银行利用现有机构来进行市场化债转股。相关人士表示，尽管该《通知》鼓励尚未建立债转股实施机构的银行利用现有机构进行债转股，但并没有提出具体开展的细节，因此短期内没有子公司的银行预计将与AMC等外部机构继续合作，该《通知》表明可能会有更多的银行开展市场化债转股，实施机构的落地将会加快。

为了确保市场化债转股项目的法律合规性，《通知》还强调，发起或参与市场化债转股的各机构，应按照相关规定向积极稳妥降低企业杠杆率工作部际联席会议办公室报送项目信息。该办公室负责管理与市场有关的债转股项目信息，并与有关部门合作进行监督检查。

第五章　关于市场化债转股的政策解读

第一节　中国供给侧结构性改革的政策背景

一、供给侧结构性改革的背景

自我国1978年开始实施改革开放后，经济持续增长已达数十年之久，中国早已不再是当初计划经济时期物资匮乏、产品单一的情况，已达到经济大国的目标，成为中等收入国家。但是，我国的经济发展并不是十全十美，仍然存在一些问题。比如，中国人口红利在渐渐衰减、"中等收入陷阱"的风险不断增加、经济过热之后部分企业供给并不充足，与此同时国际经济也在不断进行着深刻调整等。随着这一系列问题的出现，以及国际形势的不断变化，我国经济发展进入了新常态。从2015年开始，"供给侧结构性改革"成为一个经常出现在各大会议中的高频词。在中央财经领导小组第十一次会议上，习近平提出要加强供给侧结构性改革。在《中华人民共和国国民经济和社会发展第十三个五年规划纲要》编制工作会议上，李克强强调应在供给侧和需求侧两端发力促进产业迈向中高端。

1. 经济大国发展成为经济强国

我国1978年的国内生产总值（GDP）在全球主要国家中排名第十位，为3645亿元。到了2015年，我国国内生产总值已晋升至全球第二位，达到了

67.7万亿元。到了2021年，我国国内生产总值超过了100万亿元大关，达到了114.37万亿元。目前，中国已经成为制造业大国，其中有200多种工业品的产量在全球同类品中位居第一。现在，中国已经成功步入工业化后期，虽然我国工业化还未完成，但是第三产业的比重已经超过了第二产业。因此，我国在“十三五”时期不仅进一步发展了现代服务业，还将我国的新型工业化推进到一个新的阶段。“十四五”时期，我国对工业化发展提出了“找准新定位、培育新优势、采取新举措”的核心目标，加快我国新型工业化的进程。规模经济、质量经济、品牌经济和智慧经济是一个国家推进工业经济时必须经历的四个时期。中国想要从制造大国变成制造强国，就必须要经历第二、第三和第四阶段。2015年，国务院强调，要不断提高制造业产品的品质和质量。

2. 供需结构失衡

虽然我国经济飞速发展，但依然有供给不足与供给过剩并存的问题，以及需求下降与需求外移的问题。投资、消费和出口三大要素共同组成了我国的需求侧，同时也决定了我国短期经济的增长率。消费正在进行第四次结构升级，人们不再满足于温饱需求，在消费时还会考虑产品是否健康、绿色等。也就是说，人们同时追求产品的品质、多样、高端等特点，但这类需求没有得到充分满足，最终导致国内需求增速减慢，国内一些居民把目光投向了国外，促使境外消费猛增。劳动力、土地、资本、创新四个方面则构成了我国的供给侧，它们决定了我国的中长期潜在经济增长率。制造业具有巨大产能，可能会导致部分企业生产过剩，如钢铁、房地产等企业，而环保、教育等产业仍存在供给不足的情况没有满足消费者多样化、高品质的消费需求。因此与其说是无法提供足够的需求，不如说是我国现有的需求结构与我国的供给结构不完全匹配。

3. 发展动力改变

我国在土地、环境和资源等方面面临着巨大的约束力，并且在不断加大。中国有14多亿人口，在国土面积40%左右的东部和南部地区却有着94%左右的人口聚集，人们面临着巨大的资源和环境压力。持续提升的生产成本导致我国如果想要制造业持续发展，就不能仅仅依靠要素驱动和投资驱动。制造业不会再进行大规模的扩张，而是要向中高端水平发展。文化创意、大数据等新兴产业正在蓬勃发展，钢铁、有色金属、房地产等产业出现萎缩。要使新兴产业快速成长起来代替旧产业，就必须转变经济发展的方式，也就是将重心放到创新方面，通过对产业及技术进行积极有效的改革创新，形成新的增长点。如果没有创新，那么中国可能会面临经济增长停滞的状况，进而带来各种经济和社会问题。

4. 世界经济深度调整

2008年全球金融危机对世界经济影响深远，各国并未走出衰退，而是进入了危机之后的调整时期。各国的经济恢复较慢，保护主义和单边主义上升，传统和非传统的安全威胁交替出现，世界政治经济环境不稳定，出现了越来越多的不确定因素。各个国家之间进行着激烈的竞争，为了能在国际市场上占有一席之地，每个国家都在不断寻找适合自身的发展模式，并持续加大其优势产业的支持力度。美国为了限制中国的经济发展，"两洋跨区域合作"都拒绝将中国纳入其中。

中国经济发展面临着周期性和结构性两大问题，其中结构性问题是我国面临的最为主要的问题。也就是说，想要解决我国目前所面临的问题，最有效的方法就是进行结构性改革。要达到这个目的，一方面要增加国民总需求，另一方面要不断推进我国供给侧结构性改革，最终达到由低水平供需平衡到高水平供需平衡的目的。

二、供给侧结构性改革的政策路径

我国供给侧结构性改革的要点：为了形成经济持续稳定增长的新动力，要以高质量的制度供给和不断开放的市场来开发个体创新、创业、创造的潜能。因此，并不只是简简单单的关停并转，而是要从长远的角度来考虑供给侧结构性改革。要想给中国现在所面临的经济问题找到解决办法，就要在我国供需两方面给予同样的重视。在供给侧方面，我国面临的是同时存在供给不足与供给过剩两大问题；在需求侧方面，需要为我国需求下降与需求外移的现状找到解决办法。如果供给方出现创新，那么就会给需求方带来可能的需求扩张，进而不断扩大有效需求，促使供给方不断创新升级，最终形成一个相互促进、彼此支撑的稳定局面。具体而言，可用的政策路径有以下五个方面：

1. 从要素端发力

供给侧结构性改革的一个要点就是不断提升全要素生产率。为了实现这个目标，我们要从要素端发力，改变我国目前不利于经济发展的制度约束，使我国的生产要素可以进行最优配置，最终达到提高全要素生产率的目的。

（1）优化劳动要素配置。

首先，对劳动要素配置进行优化可以采用的方式是改变生育政策，这样可以达到增加人口红利的效果。人口红利的消失代表着我国将不再具有劳动力的比较优势，同时也代表着我国未来会有很重的养老压力，这将不利于我国经济的发展进步。“两孩”政策在中国普遍推广之后，我国每年平均新生儿达到 200 万左右，带来了近 700 亿元的新增消费，也带来了新增的人口红利。联合国的预测数据表明，我国老年抚养比到 2050 年将提高到 39%。

其次，要改革户籍制度，使我国现有的存量房产降低。2015 年，我国常住人口城镇化率达到了 56. 1%。到了 2021 年，我国常住人口城镇化率超过了 64%。截至 2021 年底，我国城镇常住人口有 9. 1 亿人，其中约 2. 6 亿人没有城市户口，即不能享受相应的公共服务和公民权利。中国农民工近 3 亿人，其中能买房的人口数量不到两成。因此，持续推进户籍人口城镇化，积极为城镇中农民在城市顺利生活和工作创造条件，这将成为我国将来城镇化工作的重要内容，这对培育新的住房刚性需求群体，解决我国房地产库存积压具有重要意义。

（2）优化土地和资本配置。

首先，要改革土地制度，加速确权流转。让农村土地作为一种特殊的生产要素在市场上进行交易，这样不仅可以提高土地利用效率，还可以使土地自身产生红利，对缩小城乡居民之间的收入差距有重要意义，为我国经济的可持续发展贡献了一份力量。

其次，要降低企业成本，增加资本回报。高成本会减少企业所获得的利润，只有成本降下来，才能增加企业的盈利，增加资本回报，实体经济才可得到振兴，国民经济的根基才能得以巩固。要想将成本降下来，企业要先发展自身的能力，加强科技创新和企业管理，政府也应采取一些有针对性的政策帮助企业降低成本，如降低利率、水电成本、税费、社会保险费等，切实地帮助企业减轻负担。

再次，要降低企业生产成本，提高资本回报率。不断增加成本必然会降低企业的利润。只有降低生产成本，才可以增加企业的利润，提高资本回报率。只有这样，才能振兴我国的实体经济。因此，要降低生产成本，企业要先做到对能力的发展，可以进行科学技术方面的创新，同时加强其自身管理，使其更符合企业发展的需要。在政府方面，则需要为企业颁布一些有利政策进行扶持，如减少税收、利率等，切实地帮助企业减轻负担。

最后，要淘汰落后产能，提升资本效率。那些无法依靠自身条件进行发展，只能依靠政府补贴等维持生存的企业，必将会被淘汰。要对我国的朝阳产业投入更多的资源和资本，使资源和资本的利用率达到最高水平，增加相关企业的可得利润。在中国当前的各种企业中，部分国有企业面临着较大的问题，没有足够的盈利能力，因此，国有企业急需进行改造。对国有企业进行改革，使其市场竞争力得以提升，激发市场活力，可以通过并购重组来实现这一目标，同时还要淘汰落后产能。

（3）创新提高全要素生产率。

首先，为了能更好地激发创新潜能，需要改变我国现有的融资体制。创新潜能的激发可以带来全要素生产率的提高，股权市场可以激励企业创新。习近平曾指出，我国的股票市场需要具有完善的融资功能，有合理的市场制度，相关的市场监管要做到有效完备，使投资者的权益得到充分的保护。因此，发展直接融资，促进资本市场多层次发展，必将成为中国融资体制改革的重点。现在企业贷款更多是依靠银行贷款，融资渠道的狭窄造成了企业融资难、融资贵的现状。如果此时创新风险较大，企业很难会选择创新。

其次，支持创新创业，扩大创新应用。想要使创新成果更好更快地实现转化，充足的资源和宽松的环境是必不可少的。精简管理、下放职权、减税、设立创业投资基金等可以更好地激励创新创业意愿，这样才能充分激发市场活力，形成创新创业的新趋势。

作为一个初创企业，创新是必不可少的，也是其能持续发展的基础要求。然而，要想将创新真正投放到市场中，实现其价值，需要先创业。如果只有创新而缺少创业，那么创新就只是发明、技术专利或学术论文，创新就没有任何实际意义。一个社会拥有越多的创新创业活动，社会潜能发挥得就越充分。

2. 从生产端发力

从生产企业开始进行产业结构调整。不仅要将落后产能淘汰掉，还要大力发展新产业，开拓展新市场，最终达到促进产业升级，将产业从中低端提升至中高端的目的。

首先，要实现制造业升级。绝不能留存落后产能，而且还要彻底改变部分企业“低、小、散”的局面；大力支持企业技术和设备的更新改造，为传统产业转型升级、获得新生打下基础。使产业向着高端智能、绿色服务的方向持续迈进，努力完成“互联网+”行动计划。要重点培养战略性新兴产业，确保高端装备制造、信息技术等重点产业健康发展。

其次，要促进服务业发展。服务业作为我国未来重要支柱产业，保证其蓬勃发展是至关重要的。因此，有必要打破限制服务业持续发展的制度性壁垒，鼓励企业通过多业态混合经营，给服务产业带来新的增长点。此外，当代居民在消费观念上更多的是追求差异化、服务化等，要根据居民需求，对与人们生活息息相关的产业进行大力开发，使养老、旅游等服务业成为我国的新兴支柱产业。

最后，要加大农业供给侧结构性改革，大力推进一、二、三产业融合发展，使农产品的质量与数量都有一个质的飞跃，足以满足消费者的需求，同时还要提高农民的收入水平，保护农民的生产热情。

3. *从消费端发力*

第一，改善消费环境。一个好的消费环境离不开法律的保护，因此健全的法治环境十分重要。同时，还要建立消费品质量和技术标准体系，确保产品质量达到国际标准。另外，对假冒伪劣产品绝不姑息，切实做到保护消费者的合法权益。

第二，提升消费热点。我国当前的消费需求正在逐步升级，由过去只要求满足生活所需发展为现在这种个性化、多样化、差异化的产品需求。文化、绿色、健康等领域成为人们新的消费热点。特别是随着人口老龄化越来越严重，以及“两孩”政策的全面推进，居民对老年医疗保健与护理、妇幼产品、儿童服装、教育等方面越来越重视，在需求不断增加的同时，对质量的要求也与日俱增。因此，需要出台相关政策，不断提升消费热点。

第三，提高消费能力。为了减少居民的个税负担，需要提高个人所得税起征点；要想在初次分配中提高居民的收入比例，要提高居民最低收入保障，以便最终可以使居民有一个较高的收入水平。此外，为了促进中等收入群体的扩大，可以采用政策激励企业创新，改善现有的投资环境等方法，最终达到提升居民消费能力的目标。

4. *从投资端发力*

投资是实现国家经济快速发展的必要因素。然而，我国现行的大多有关供给侧结构性改革的政策都是在给企业做“减法”（去产能、去库存、去杠杆、降成本），唯独“补短板”这个措施与其他不同，是要给企业做“加法”，这里提到的“短板”是指企业面临的投资机会。这要求企业更高效地进行投资，使投资的有效性得到保障，在改造、提升传统产业的同时，促进新兴产业的发展。传统产业的改造升级很关键的一步就是加大技术改造投资。美、英、德等发达国家在工业化完成前后，其技术改造投资在工业投资总额中所占的比重分别为50%和69%。大部分发达国家（如美国、英国等）实现工业化后，进行技术改造的投资金额往往会占据其工业投资总额的60%以上。另外，国家还重视在其薄弱环节的有效投资，如移动智能终端、城市基础设施建设等。旅游、养老、教育等消费领域的质量和安全也是关注的重点。

另外，还要鼓励投资多元化。社会资本在政府资源的驱动作用和乘数效应之下可以发挥出更大的效用。推进投融资体制完善，使社会资本可以更容易地进行投融资，进一步激发民间资本活力，鼓励社会资本通过特许经营等方式进入公共产品和服务领域。

5. 从出口端发力

从出口方面来看，逐步加强中国产业在国际价值链中的影响力是至关重要的一点。目前，我国产业优势领域是加工制造环节，接下来要将优势领域延伸至创新研发、品牌创立经营等方面，创建国际知名的自有品牌，研发关键技术，开放自有的销售网络，不断开发技术、品牌、服务等方面的竞争新优势。

第二节　国家层面的市场化债转股政策解读

要使供给侧结构性改革的相关措施得到有效实施，就要扶持那些具有较好发展前景的优质企业，帮助它们解决所面临的困难，需要市场化债转股等综合措施帮助企业持续健康的发展。在当前形势下，对具备条件的企业进行市场化债转股，可以降低企业杠杆率，使企业的综合实力得到提升，有利于增强其防范债务风险的能力；提高企业生产效率，使其在市场上的竞争力得以提升，实现优胜劣汰；支持企业实行股权多元化，鼓励企业进行改革，完善管理制度；促进多层次资本市场建设，增加企业直接融资比重，改善企业现有融资结构。本节将对《关

于市场化银行债权转股权的指导意见》、《关于市场化银行债权转股权实施中有关具体政策问题的通知》、中国人民银行定向降准政策及《2019 年降低企业杠杆率工作要点》这四项国家层面的市场化债转股政策进行详细解读。

一、《关于市场化银行债权转股权的指导意见》的详细解读

2016 年 3 月 16 日，在十二届全国人大四次会议记者会上，李克强答中外记者问时指出，要坚定不移地发展多层次的资本市场，可以通过市场化债转股的方式来逐步降低企业的杠杆率。同年，国务院印发《关于积极稳妥降低企业杠杆率的意见》及其附件《关于市场化银行债权转股权的指导意见》，对如何积极稳妥地降低我国企业的杠杆率进行解答，积极推动我国供给侧结构性改革，以法治化和市场化为基本原则，通过各个相关机构有序进行市场化债权转股权。至此，新一轮债转股正式拉开了序幕。

1. 明确适用企业

1999 年进行的第一轮债权转股权具有极强的政策性，与本轮债转股完全不同。当时，银行不良贷款率高达 20%，资本严重不足，为了使银行业能持续健康发展，政府采用了一些措施，使银行的不良金融资产得以剥离。当前的银行业是健康和安全的，不需要通过债转股降低其不良贷款率，因此这次债转股的市场化、法治化特征突出。依据国家颁布的相关政策，适用企业是由各相关市场主体自行协商确定的，其根本目的是降低杠杆率和企业的财务成本。

《关于市场化银行债权转股权的指导意见》指明了三条市场化债转股对象企业应当具备的条件：

（1）企业应当拥有良好的市场前景，其改革计划要具备充分的可实施性，对如何脱困有着具体安排。

（2）企业需要根据国家产业发展方向来决定所生产的产品与装备等，不仅生产技术具有领先性，还要考虑到其产品是否有市场，同时产品的环保和安全生产也要达到国家标准。

（3）企业的信用状况较好，如之前存在故意违约或转移资产等行为的企业不具备债转股资格。

对于债转股的适用企业，《关于市场化银行债权转股权的指导意见》还特别明确了“三个鼓励，四个禁止”。

三个鼓励：

（1）鼓励因行业周期性波动等外部因素致使企业出现经营困难，但仍有实现扭亏为盈希望的企业进行市场化债转股。

（2）鼓励因负债过高而面临压力的具有发展前景的企业，尤其是战略性新兴产业领域的企业开展市场化债转股。

（3）鼓励有高额负债的重点企业或者与国家安全息息相关的企业进行市场化债转股。

四个禁止：

（1）禁止已经没有生存发展前景，也无望逆转的“僵尸企业”进行市场化债转股。

（2）禁止有偿还债务的能力而恶意逃避履行债务的企业开展市场化债转股。

（3）禁止债务关系复杂且不明晰的企业进行市场化债转股。

（4）禁止有可能会对我国生产能力饱和的现状产生负面影响和增加过剩库存的企业进行市场化债转股。

债转股并不是不用负责的免费午餐，如果想要避免这个现象的发生，那么“不免责”就是关键。也就是说，在债转股的实施过程中，有可能出现某些企业破产、倒闭的情况，如果发生了资产损失，那么这个费用是由股东优先承担的，政府不会对这些资产损失进行兜底，同时也不强制要求债务人进行债转股。如此，就可以避免债转股成为某些债务人的免费午餐。

2. 通过实施机构开展市场化债转股

这次债转股与1999年的债转股有相似的地方，却都需要银行先进行债权转让，之后才在承接方层面转股。也就是说，如果国家没有特殊规定，那么银行无法直接进行债转股。银行要先向实施机构转让其所拥有的债权，然后再由实施机构将其转换成股权。

《关于市场化银行债权转股权的指导意见》明确指出，希望各种不同类型实施机构共同参与到市场债转股之中，如金融资产管理公司、保险资产管理机构、国有资本投资运营公司等。鼓励各种实施机构开展合作。同时，也鼓励银行对已经满足条件的现有所属机构进行充分利用，或者批准那些满足规定的新机构进行市场化债转股。

3. 自主协商确定债转股价格和条件

转股债权及其转股价格和条件是由银行、实施机构和企业三方自行协商确定的。如果这个过程涉及很多不同的债权人，可以成立债权人委员会进行沟通和协调。债权人委员会可以由最大的债权人或主动发起债转股的债权人来创立。

对于股权转让价格，如果是国有上市公司，可以参考其股票的交易价格来确定股权转让价格；如果是非上市公司，可以由竞争性市场报价或者公司的公允价格来决定其股权转让价格。

4. 通过市场化筹集债转股资金

在 1999 年进行债权转股权时，资产管理公司通过向国有商业银行发行债券，以及向中央银行进行贷款来获取资金，以收购不良资产，财政部也为此做担保。在这次市场化债转股中，实施机构只能通过市场化的方式来筹集资金。各类实施机构对社会资本进行筹措时要使用正规手段，特别是当这些资本被用于股本投资时。

在这次市场化债转股中，实施机构是可以设立私募股权投资基金的，各类实施机构需要在满足相关监管要求的情况下设立私募股权投资基金。机构可向符合条件的投资者获取资金，与此同时，符合条件的银行理财产品也可在满足法规的情况下向实施机构的私募股权投资基金投资。允许私募股权投资基金与实施机构的对象企业共同设立子基金，主要负责将对象企业的优质子公司进行市场化债转股。

在这个过程中，政府不要干预与市场化债转股有关的具体事务。政府真正需要做的是制定债转股的规则、完善相关政策、依照相关法律法规对债转股进行监管，以保证债转股可以在市场化、法治化的环境下有序开展。同时，国务院出台的《关于积极稳妥降低企业杠杆率的意见》明确指出，各级政府不干预市场化债转股的具体事务。例如，不能指定进行债转股的企业、不能强制指定银行参与其中、不能妨碍有债转股意愿的企业的正常经营活动等。

5. 规范股权变更等相关程序

如果企业确定参与市场化债转股，那么就必须根据相关的法律法规进行公司的重新设立，并说明新增或减少的股东和最新的董事会成员设置等情况，同时还需要在市场监督管理局进行注册或变更。如果是上市公司，还会有关于新增股份需要满足的规定的相关程序。例如，在涉及公司治理主要事项时，要决定投资人的董事席位等。

6. 落实和保护股东权利

实施机构也应同公司的其他股东一样享有股东权利，当企业面临与经营相关的重大抉择或在公司治理方面做出改变时，实施机构可以切实地参与进去，进行股权管理。

（1）股份转让的限制：在投资人没有书面同意之前，是不可以向任何第三方转让其直接或间接持有的公司股份。

（2）优先购买权和跟售权：对于被转让的股份，投资人拥有优先购买权，但如果投资人没有选择优先购买，那么他可以按其相对持股比例跟售。

（3）反稀释和优先认购权：在投资人没有书面同意之前，不可以通过任何方式稀释投资人的股份，如发行股票期权等。

二、《关于市场化银行债权转股权实施中有关具体政策问题的通知》的详细解读

2018 年发布的《关于市场化银行债权转股权实施中有关具体政策问题的通知》是对《关于市场化银行债权转股权的指导意见》的一次补充与修改，主要表现在：

1. 债转股选择对象

2016 年颁布的《关于市场化银行债权转股权的指导意见》（以下简称《指导意见》）主要确定了在国家政策允许的范围内，在交易市场上，企业可以自行决定市场化债转股的参与主体。《指导意见》更进一步地鼓励了那些虽然现在面临融资或其他周期性困难，但却拥有较好的发展可能性的企业参与到债转股之中，望其在面对高负债导致的债务负担较重或者行业周期性波动导致的问题时，可以借助市场化债转股来化解问题，最终实现战略性逆转。同时，国家更要大力支持那些涉及国家安全方面或在某一特定领域处于行业前列的关键企业。与此同时，为了使市场资源分配得更加合理，《指导意见》绝不允许那些已经丧失自我发展能力，必须依赖于非市场因素（政府补贴或银行续贷）来维持生存的“僵尸企业”、具有不良信用评级、有偿还债务的能力而不履行债务、有杂乱的债权债务关系、会增加库存或助长过剩扩张的企业进行市场化债转股，以防止进一步加重企业负担的现象。

2018 年发布的《关于市场化银行债权转股权实施中有关具体政策问题的通知》（以下简称《通知》）对可进行市场化债转股的企业范围作出了修改。鼓励各种相关企业参与到市场化债转股之中。不再对其所有制的性质作出要求。同时，鼓励满足要求的私有企业等非国有企业进行市场化债转股。

2. 债权选择

根据谨慎性原则，《指导意见》要求以银行发放的贷款为市场化债转股的主要债权，允许适当地将其他类型债权划入考虑范围之内。《通知》则放宽了这条限制，允许将其他类型债权纳入转股债权的范围，也可以适当考虑其他种类银行债权和非银行金融机构债权，如企业从财务公司贷款所形成的债权、企业通过融资租赁所形成的债权及经营性债权等，但企业通过民间借贷产生的债权不在考虑范围之内。

3. 债转股模式

《指导意见》规定，除国家另有规定外，银行将债权转为股权，应通过向实施机构转让债权、由实施机构将债权转为对象企业股权的方式实现。《通知》指出，允许实施机构受让各种质量分级类型债权；可以通过各种综合性方案对企业杠杆率进行调整，如通过股债结合的形式。当进行市场化债转股时，政策支持使用收债转股的方式；同时允许债转股的对象企业通过发行权益类融资工具实施市场化债转股，无论企业是上市公司还是非上市公众公司。

4. 资金来源

《指导意见》指出，在进行市场化债转股时，实施机构应依法依规面向社会投资者募集资金。同时，鼓励实施机构采用多种筹资方式，如金融债券等。《通知》指出，在满足政策中指明的相关要求的基础上，实施机构在筹集资金时，私募股权投资基金是可以作为选项进入到可用的筹资方式中的。

5. 实施机构

《指导意见》鼓励与支持多种类型的实施机构参与市场化债权转股权，如保险资产管理机构等。此外，银行可以放宽已有的、满足要求的所属机构进行市场化债权转股权时的要求，或者允许银行针对债转股的要求，创立新的机构来进行债转股；支持各种实施机构按照相关规定吸引社会上的投资者参与到债转股之中，然后允许银行增加债转股的流动范围，向非本行所属实施机构转让债权，让其进行转股；支持各类实施机构之间或者与以私募股权投资基金等机构为代表的股权投资机构来开展债转股。

《通知》着重强调当前非标投资受限，实施机构的私募股权和银行理财产品为市场化债转股建立了较好的实施基础。《通知》指出市场化债转股机构如果要参与到债转股的过程中，是可以通过设立私募股权投资基金的方式来进行的。同时，在满足规定的情况下，银行的相关理财产品可依法向这些私募股权投资基金进行出资，而且为了使市场化债权转股权进行得更加专业，政策允许这些私募股权投资基金与债转股对象企业合伙设立子基金。

6. 交易价格

《通知》在《指导意见》的基础上，对与价格相关的规定进行了修改，保留了“允许参考股票二级市场交易价格确定国有上市公司转股价格，允许参考竞争性市场报价或其他公允价格确定国有非上市公司转股价格”这一条款，删减了“银行、企业和实施机构自主协商确定债权转让、转股价格和条件”。

7. 股权退出

《指导意见》给出了股权退出的方式，包括协商约定、依法转让、并购、通过区域性股权市场交易、证券交易所上市等方式。若参与市场化债转股的实施机构想要提前退出债转股，退还其所持有的股权，可与对象企业协商确定实施机构的退出方式。若债转股企业是上市公司，可以根据公司法规定，以债转股股权按普通股转让的方式退出，转让时还要满足所在交易市场中有关股权限售期等证券监管条款的要求。若进行债转股的企业为非上市公司，《指导意见》鼓励实施机构通过并购重组、区域性股权市场交易、新三板、证券交易所上市等方式进行股权退出。《通知》放宽了有关股权退出形式的限制，删减了相关的具体规定，使股权退出更为自主方便。

8. 财税支持

相关银行与实施机构无疑会因为市场化债转股的行为而增加其资金成本，如果将本来只是短期的借款行为转换为长期的投资行为，那么相关银行与实施机构的资金压力会相应增加。在这种情况下，政府提供的资金方面的支持就显得必不可少。《指导意见》已经给出了相关的财税支持政策，《通知》则在其基础上加大了政策力度，尤其是为了缓解相关银行和实施机构的资金压力，政府将对相关银行和实施机构提供比较稳定的中长期低成本资金。

三、中国人民银行的定向降准政策解读

为了促进市场化、法治化债转股快速推进，增加对微小企业的支持力度，从2018年7月5日起，中国人民银行决定实行定向降准。这项政策主要具有两个方面内容：

（1）将五家国有大型商业银行（中国工商银行、中国农业银行、中国银行、中国建设银行、交通银行）和十二家股份制商业银行（光大银行、中信银行等）的人民币存款准备金率下调0.5个百分点，预计可释放资金5000亿元。将这笔资金用于支持市场化债权转股权项目，可吸引相同规模的社会资金参与债转股项目。

（2）将中国邮政储蓄银行、城市商业银行、非县域农村商业银行、外资银行的人民币存款准备金率也下调0.5个百分点，预计可释放资金2000亿元，这笔资金主要用于缓解微小企业“融资难、融资贵”问题，帮助有关银行向微小企业发放贷款，开拓微小企业市场。

这次中国人民银行实行定向降准，主要是考虑到截至2018年，市场化、法治化债转股在签约金额和资金到位两个方面发展速度比较缓慢。国有大型商业银行和股份制商业银行在市场化债权转股权项目中扮演主力角色，为了提高其债转股的积极性，提升其债转股的能力，促使已签约的债转股项目快速落地，中国人民银行决定实行定向降准，从而将一定数量、成本适当的长期资金释放出来，以激励国有大型商业银行和股份制商业银行。我国目前微小企业仍面临着较为严重的“融资难、融资贵”问题，因而中国人民银行决定对其进行定向降准，这对提高微小企业信贷能力是十分有利的，同时还可以增加银行对微小企业贷款投放的数量，使企业降低融资的成本，从而改善银行对微小企业的金融服务质量。总的来说，这次中国人民银行实行的定向降准对结构性去杠杆的推进十分有利。

虽然中国人民银行鼓励国有大型商业银行和股份制商业银行使用定向降准资金，全力推进市场化和法治化的债权转股权项目，但仍有一些地方是需要注意的：

（1）实施机构在进行市场化债转股项目时，必须要有真正的股权投入，不能还抱有获取固定收益的目的，即“债转债”。在这个过程中，“明股实债”项目是必须杜绝的。

（2）政府鼓励相关的银行和实施机构更多地吸引社会资金加入市场化债转股项目中，但比例不可低于1∶1。

（3）依照法律法规，债转股项目所涉及的有关股份或者相关债务减记要由项目相关参与者协商确定，并严格进行市场化定价。

（4）市场化债转股项目支持各种类型的所有制企业参与其中，债转股后公司治理需要项目所涉及的各个实施主体共同参与，在提高公司治理水平的同时，推进混合所有制改革。

（5）市场化债转股项目是绝不允许“僵尸企业”进行债转股的，债转股在帮助企业改善资产负债结构的同时，还有助于企业恢复发展动能。

四、《2019年降低企业杠杆率工作要点》的详细解读

2019年7月26日，国家发展和改革委员会、中国人民银行、财政部、中国银行保险监督管理委员会联合发布了《2019年降低企业杠杆率工作要点》（以下简称《工作要点》），提出要充分扩大金融资产投资公司在市场化债转股中的重要影响，使社会资本可以更多地参与到市场化债转股之中；在满足法律规定的情况下，尝试将公募资管产品加入债转股中。具体重点内容如下：

1. 金融资产投资公司越来越多地参与到市场化债转股中

具有专门的金融资产投资公司的商业银行要将银行与投资公司的联动进一步提高。与此同时，还要注重增加投资公司的编制，重视相关人才队伍的建设，建立的薪酬管理和绩效评价体系要符合股权投资特点。

在《工作要点》印发之前，五家国有大型商业银行虽然都设立了用于债转股的子公司，但总的来说，其业务开展得极其缓慢，主要原因是，在我国目前的大行管理体制下，银行仍然不适合进行相对高风险的股权投资业务，长久以来的债权投资文化导致我国“明股实债”的项目仍是主流。

2. 拓宽社会资本参与市场化债转股渠道

社会资本其实就是指非金融机构所拥有的资金，想要吸引其参与到债转股之中，主要方式就是通过资管产品筹集社会上投资人的资金。在打破刚性兑付之后，其风险自然就会上升，如果投资人真的进行股权投资，那么投资人会需要很长时间进行接收与磨合。

3. 允许使用保险资金等长期限资金投资市场化债转股资管产品

2012 年，中国保险监督管理委员会发布的《关于保险资金投资有关金融产品的通知》指出，保险资金可以用于购买在符合法律法规的情况下发行的商业银行理财产品、银行业金融机构信贷资产支持证券、证券公司专项资产管理计划、保险资产管理机构基础设施投资计划、不动产投资计划和项目资产支持计划等金融产品等。

当保险资金投资这些金融产品时，会有严格的约束：

（1）当保险资金投资这些金融产品时，只能投资境内市场的信贷资产、货币市场工具、存款及公开发行且评级在投资级以上的债券。

（2）将保险资金用于集合资金信托计划时，其基础资产仅仅由具有可控风险的非上市权益类资产和融资类资产共同构成。2019 年发布的《中国银保监会办公厅关于保险资金投资集合资金信托有关事项的通知》规定了非上市股权的范围，保险资金投资股权或不动产的监管规定限制了相关基础资产，导致其无法投资市场化债转股项目。

（3）《保险资金间接投资基础设施项目试点管理办法》规定了保险资金投资的基础设施债权投资计划，其基础资产只能投资于国务院、有关部委或者省级政府部门批准的基础设施项目债权资产。

4. 加快股份制商业银行定向降准

《工作要点》指出："支持符合条件的股份制商业银行利用所属具有股权投资功能的子公司、同一金融控股集团的现有股权投资机构或拟开展合作的具有股权投资功能的机构参与市场化债转股。"2018 年，中国人民银行决定实行定向降准，将中国工商银行、中国农业银行、中国银行、中国建设银行、交通银行这五家国有大型商业银行和浦发银行等十二家股份制商业银行的人民币存款准备金率下调 0.5 个百分点，这一政策可释放 5000 亿元资金被用来支持市场化债权转股权。

我国当前虽说大力推进债转股，但"明股实债"的项目仍是主流。中国人民银行、中国银行保险监督管理委员会、中国证券监督管理委员会、国家外汇管理局于 2018 年联合发布的《关于规范金融机构资产管理业务的指导意见》并没有给予银行表外资金参与债转股任何明显的优惠政策，导致银行表外资金很难大规模参与到债转股之中。当各个银行的自营资金无法通过正式渠道直接参与到市场化债转股项目中时，就只能从资产端角度向债转股子公司提供债权。

5. 采用多种方法改善市场化债转股资本占用过多的现状

为了能加大资本补充力度，《工作要点》指出鼓励商业银行发行永续债。鼓励外资在满足相关法律法规的情况下投资入股金融资产投资公司等实施机构。其实，无论何时商业银行都需要补充资本，当经济形势好的时候，商业银行因为放贷增速过快需要进行资本补充；当经济形势不好的时候，商业银行会面临坏账过多的情况，也需要进行资本补充；当表外存量非标理财回表时，还需要进行资本补充。事实上，银行发行永续债补充资本似乎和债转股关系不大。

此外，2018 年，中国银行保险监督管理委员会发布《金融资产投资公司管理办法（试行）》，规定主要股东必须要是我国境内的商业银行，而且实缴资本的最低限度为 100 亿元。对于这个要求，我国境内的外资银行也很难具有这个实力和专业水平。

6. 鼓励对优质企业开展市场化债转股

《工作要点》表明了政策推进的市场化债权转股权项目与传统意义上的债务重组迫使企业进行债转股的最大区别。虽然只要通过实施机构进行，债务重组被动债转股也可以称为市场化债转股。但银行非常希望通过市场化债转股这个方式来间接掌握优质企业的部分股权，进而分享企业未来可能得到的经营收益，这也是目前银行业金融机构愿意参与债转股的主要原因。

7. 支持对民营企业实施市场化债转股

为了降低民营企业的债务风险，促进民营经济快速发展，政府支持和鼓励实施机构将满足债转股条件的民营企业列为其选择对象。

8. 大力开展债转优先股试点

在满足政策、法规要求的情况下，鼓励实施机构进行市场化债转优先股，以此来达到加大非公众非上市股份公司以优先股方式开展市场化债转股的试点范围的目的。

在政策发布之前，只有在新三板挂牌的公司或者上市公司才拥有优先股。另外，由于交易场所都由中国证券监督管理委员会监管，因此一般由中国证券监督管理委员会主导优先股。《工作要点》虽然鼓励企业通过优先股进行市场化债转股，但要知道，优先股能存在的前提是可以满足企业在资产负债方面的需求，投资人能够获得稳定收益和股债认定差异方面的监管套利。因此，推进企业进行债转优先股比较困难。

在这之前交易所的企业基本都是通过蓝筹发行优先股的，因为市场只会认可蓝筹上市公司的优先股。优先股拥有的是固定股利，公司高增长带来的高收益是优先股股东无法享有的。因为优先股的分配顺序和不允许有对应的像抵质押品的风险保障措施，导致其与债权相比，没有足够的风险保障。因而，只有高信用级别的蓝筹比较合适。

9. 强化公司治理和社会资本权益保护

在符合政策、法规要求的情况下，要引导实施机构向债转股对象企业委派董事、监事，使实施机构能切实地参与到公司治理中，推动企业更快地进行转型升级。推进混合所有制改革与市场化债转股有机结合，进一步优化企业股权结构，使我国现有的企业制度得到进一步完善。

10. 加快企业战略重组与结构调整

鼓励企业加快资源兼并重组和整合的步伐，使产业高度集中，减少市场同质化、无序竞争和浪费资源的现象。高效率地分配、整合公司内部优质资源，使企业具有较高的资源配置效率。

11. 尽快完成对“僵尸企业”的债务清理

严厉禁止“僵尸企业”进行市场化债转股，对于已列入处置名单的企业，要根据有关政策，推动银行和相关企业尽快完成对债务的清算。如果该企业满足退出条件，其他相关者不可以采用任何手段干扰企业退出，而退出企业不得做出任何恶意逃避债务的行为，如转移资产等，从而为“僵尸企业”清理和处置债务创造良好的环境。

《2018 年降低企业杠杆率工作要点》要求要完善“僵尸企业”债务处置政策体系，提出：①确定需要进行债务处置的“僵尸企业”名单。②形成并实施处置方案。③关于困难企业的后续处置。在信贷政策方面，要求分别从存量资产盘活，提出更加完善的金融信贷、社会保障和财税政策，建立全国信用共享平台等七个方面进行持续推进。

《工作要点》是对之前政策的完善，要求提高对“僵尸企业”债务处置的速度。

12. 大力发展股权融资

《工作要点》指出，我国目前交易所仍有不足，要进一步提高其股权融资能力，对股票发行制度进行创新，使上市公司的质量得到保证，注重保护中小投资者的合法权益，使投资者的信心得到增强。按照投资者适当性原则，给企业提供更多的资金补充渠道，鼓励将用于储蓄的资金转投股权。使投资主体向多元化逐步迈进，如设立私募股权投资基金等。

《2018 年降低企业杠杆率工作要点》中的降杠杆措施除债转股之外，还有兼并重组、产权转让、资产证券化、各类债务融资工具、股权融资。《工作要点》中的降杠杆措施除债转股之外，还有推进企业战略重组和股权融资。

13. 完善企业债务风险监测预警机制

《工作要点》指出，要建立债务风险监测系统进行动态监测，定期对所有国有企业的杠杆率和债务风险进行分行业、分地区监测。其中，最重要的是监控好大企业的债务风险，此外，还要整合共享企业相关信息。

2018 年，中共中央办公厅、国务院办公厅发布了《关于加强国有企业资产负债约束的指导意见》，对行业企业的年度资产负债率预警线划定了具体标准，也就是说在上年度规模以上全部企业平均资产负债率的基础之上增加 5 个百分点，本年度资产负债率重点监管线则在这个基础之上增加 10 个百分点。《工作要点》为使企业能拥有一个更为完善的债务风险监测预警机制，将《关于加强国有企业资产负债约束的指导意见》的内容要求作为其立法依据。

14. 加强金融机构对企业的负债融资约束

为了使银行业金融机构能有一个更为完善的授信管理机制，可以采取银行业金融机构联合授信机制、债权人委员会和银行的债务风险评估等手段，使本来就负担较高债务的企业不能再进行过度的债务融资。

如果银行与企业的行为都是市场化的，那么授信作为银行的自主风险管理行为，并不需要政府进行过多干涉。从我国目前的授信现状来看，很多国有企业市场化程度较低，过度负债的状况时有发生。在之前的几年里，一些民营企业可能存在这个问题，造成这个现象的原因主要和地方政府的导向有关，如果想要真正地享受地方政府给予的各种“绿灯”，就必须做大做强。

之前我国为解决这个问题，已经采取了很多措施，如对微小企业降税、降低微小企业融资成本等。这次的政策从增强授信管理角度出发，以期实现银行和企业行为的市场化。

15. 充实国有企业资本

为国有企业吸收资金提供更多的方式，如支持企业发行股票，完善企业的管理制度，杜绝虚假降杠杆的行为。

相较于《2018 年降低企业杠杆率工作要点》，《工作要点》对充实国有企业资本的要求更为细化，鼓励国有企业发行优先股。

16. 及时处置企业债务风险

当企业债务风险初露端倪，与之相关的市场主体就应该在市场化、法治化原则下进行商讨，如果认为企业扭亏无望，那么就不应该使用“减息停息、借新还旧”等金融手段，因为这种手段可能会带来债务风险越拖越大的状况。当发生了具有较大潜在影响力的债务风险事件时，相关部门应该对风险事件给予重视，及时进行协调，在合乎法律规定的情况下，尽可能地提高处置效率，避免风险蔓延。

《工作要点》提出要谨慎使用“减息停息、借新还旧”的金融手段，而这正是我国银行在面临具有债务风险的企业时经常使用的处理手段，主要是希望在新一轮周期开始后，债务风险可以自然化解。

遗憾的是，根据对 2015 年至今各个风险企业的观察，大部分企业的情况是越拖越复杂，越拖债务风险越大。

17. 建立市场化债转股项目评估检查机制

强化对市场化债权转股权的全程监管，定期就市场化债权转股权项目的落实情况进行评估和检查，了解其在减少企业资产负债率、完善现代企业制度和公司治理等方面的真实情况。杜绝企业通过债转股的方式来隐藏其不良债权，保证企业的业务流程符合法律规定。

第三节 地方层面的市场化债转股政策解读

一、辽宁省

20 世纪 90 年代，东北地区是我国经济比较发达的地区，同时承担着我国重要的工业生产任务。然而，随着改革开放的深化，东北地区的经济发展速度不再处于领先地位，而是逐渐落后于其他地区。为了改变这个状况，国家提出了东北振兴战略。

2016 年 11 月，国务院印发的《国务院关于深入推进实施新一轮东北振兴战略加快推动东北地区经济企稳向好若干重要举措的意见》（以下简称《意见》），指出要加大对东北地区财政金融投资的支持力度。①鼓励银行业金融机构加大对东北地区信贷支持力度，如果企业是有市场、效益高、竞争力大的优质企业，银行业金融机构应尽可能地满足企业合理的信贷需求，不应该“一刀切”式的抽贷、停贷。②对于暂时遇到困难但仍有较好市场前景的优质大中型骨干企业，政府要帮忙协调相关银行业金融机构，通过贷款等方式缓解企业资金紧张等问题。此外，建立应急转贷、风险补偿等机制十分必要，还要加快对不良贷款的处置。③鼓励相关主体进行市场化、法治化债转股项目，并对东北地区企业予以重点考虑。

辽宁省为了更好地落实文件精神，省政府针对该《意见》发布了《贯彻落实〈国务院关于深入推进实施新一轮东北振兴战略加快推动东北地区经济企稳向好若干重要举措的意见〉的实施方案》。该方案表明要争取国家财政金融投资支持。落实国家推进实施市场化、法治化债权转股权方案，争取对辽宁省企业予以重点考虑。其中，通过技术集团沈阳机床有限责任公司就是一个典型的市场化债转股收益企业，该企业通过与沈阳市人民政府国有资产监督管理委员会、中国建设银行签署战略合作框架协议，将 92.51 亿元的债务进行市场化债转股，盘活企业资金流的同时，增加了集团优势业务的资金量。目前，该公司已经成为沈阳市“创新实施市场化债转股降杠杆、促发展”的企业典型。

同年，辽宁省为贯彻落实《国务院关于积极稳妥降低企业杠杆率的意见》，下发了相对应的实施方案，即《辽宁省积极稳妥降低企业杠杆率实施方案》，该方案中亦有关于市场化债转股的相关举措。

1. 以市场化、法治化方式开展债转股

为了实现优胜劣汰，积极开展市场化债转股，要以市场化、法治化为基本原则，通过多种方式和渠道进行股权市场化退出。只有当企业具有良好的市场发展前景，且其面临的只是暂时性困难时，才会支持该企业进行市场化债转股。

2. 鼓励多类型实施机构开展市场化债转股

各级政府应充分利用国有资产经营管理公司的优势，吸引不同类型的实施机

构参与市场化债转股项目，如各类金融资产管理公司、国有资本投资运营公司、保险资产管理机构等实施机构。鼓励实施机构吸引社会资本进行债转股，支持民营企业投资，大力发展混合所有制，增强企业资本实力。

相较于国务院下发的降低企业杠杆率的意见，辽宁省提出的实施方案与之十分相似，只不过在鼓励多类型实施机构开展市场化债转股方面更为细化。

二、陕西省

在《国务院关于积极稳妥降低企业杠杆率的意见》的指导下，陕西省人民政府积极响应号召，结合陕西省债转股的发展实际，制定了一系列完善债转股发展、推动债转股实施进程的政策。

2016 年 9 月，陕西省人民政府发布了《陕西省供给侧结构性改革降成本行动计划》。文件要求降低陕西省金融机构的融资风险。对于金融机构持有企业股权，鼓励它们通过不良资产证券化或者市场化债转股等方式依法持有。为了使相关主体处置不良资产的能力得到提升，加快创立和运营陕西省金融资产管理公司。成立专门针对中小微企业信贷风险补偿基金，当融资担保机构提供增信服务的中小微企业遭遇债务危机，无法还款时，该基金可为融资担保机构提供一定的风险补偿。推动投贷联动试点工作稳步进行，提升科技金融风险补偿资金的规模，使金融机构可以以更大的信贷投放力度向科技型中小企业放贷。

2017 年 1 月，陕西省人民政府发布了《陕西省推进供给侧结构性改革去杠杆行动计划》，鼓励相关主体进行投贷联动和市场化债转股业务，还指出应尽快建立起通过市场化选择债转股对象企业，通过市场化决定相关价格，通过市场化募集资金，通过市场化进行股权退出的长效机制，鼓励满足条件的企业开展市场化债转股项目。与此同时，西安高新区、西安银行已经被确定为首批投贷联动试点区域和机构，要充分发挥这项政策的优势，推进投贷联动试点工作又快又好地完成，不断开发投贷联动业务模式和创新金融产品。鼓励有资格条件的法人银行机构申请成为投贷联动试点。

2016 年 9 月，《陕西省人民政府关于印发工业稳增长促投资 21 条措施的通知》印发，文件强调了市场化债转股和投贷联动试点，要求积极推进试点的建立和发展，以此来改善企业的资产和融资结构，将银行不良贷款率和企业负债率降下来，使资金更顺畅地流入实体经济。与此同时，为了缓解融资风险，鼓励金融机构加大与产业基金和投资基金的合作力度。

之后，陕西省人民政府办公厅发布了《2017 年全省金融工作要点》，提出要继续增强微小企业金融服务及银行业“三农”金融服务。除了要加快投贷联动试点的建设，还要加快推动知识产权抵质押贷款试点的进程。设立的陕西省结构调整基金总规模为 400 亿元，这项基金将主要围绕陕西省的重点行业和关键领域，重点扶持新材料、大数据、高端装备制造、债转股等方面，为关中协同创新发展贡献力量。同年 7 月，陕西省发展和改革委员会发布了《关于 2017 年深化经济体制改革重点工作的意见》。该意见指出，政府在 2017 年在经济方面的重点任务是继续完成供给侧结构性改革，通过改革的办法继续贯彻落实“三去一降一补”，不断提高供给的质量和效率。针对重点行业“去产能”的任务目标，要多地使用市场化、法治化的手段。降低杠杆率是工作的重点，要不断促进企业盘活存量资产。此外，该意见进一步指出要重视市场化债转股和投贷联动试点的建设，优化资产结构，使资产证券化得以推广，使目前的资本市场升级为多层次的市场经济体系。全面落实针对企业的各项减税降费措施，规范各类涉企收费。

2022 年 7 月，陕西省人民政府办公厅发布了《陕西省人民政府办公厅关于进一步盘活存量资产扩大有效投资的实施意见》。文件指出，为了进一步盘活存量资产、扩大有效投资，形成存量资产和新增投资的良性循环，就需要发挥好金融资产管理公司的作用，同时指出市场化债转股等方式可以使资产管理公司有效地盘活闲置低效资产，提高资产运营管理效率，推动全省经济社会高质量发展。

三、安徽省

在 2016 年 9 月国务院印发《关于积极稳妥降低企业杠杆率的意见》之后，同年 12 月在安徽省（集团）控股有限公司政府的统一领导下，淮北矿业集团、淮南矿业（集团）有限责任公司和马钢（集团）控股有限公司分别与中国建设银行签署了市场化债转股合作框架协议，协议总额达 320 亿元。2017 年 6 月 27 日，淮北矿业集团成功收到了中国建设银行投放的首笔市场化债转股项目资金，共计 18 亿元。2017 年 12 月，琨山资本集团与安徽省皖北煤电集团有限责任公司共同发起设立的债转股基金（共计 30 亿元）已经全部筹集到位，并按照规定完成了在中国证券投资基金业协会的备案，这意味着安徽省内首只市场化债转股基金成功落地。

2017年12月，安徽省人民政府根据国家的政策指导，发布了《安徽省人民政府办公厅关于积极稳妥降低企业杠杆率的实施意见》，要求有序进行市场化银行债权转股权。其中，针对债转股项目的主要内容有：

1. 明确适用企业和债权范围

这一内容与国务院发布的《关于市场化银行债权转股权的指导意见》中关于适用企业和债权范围的要求相同，在其他省份有关债权转股权的政策中也时常会出现。同样严禁前文提到的四类企业成为市场化债转股的对象。同样支持鼓励具有较好发展前景与发展潜能，但因行业周期性波动等原因面临暂时困难的企业进行市场化债转股。同样以银行贷款为主要的债权范围，但也允许将其他类型债权纳入其中。转股债权及其转股价格和条件是由银行、实施机构和企业三个部门自行协商确定的。

2. 通过实施机构开展债转股

各个地区要加快对地方国有资本运营公司和地方资产管理公司的研究组建或完善充实。鼓励多种类型实施机构参与到债转股之中，如金融资产管理公司、保险资产管理公司、国有资本投资运营公司等。鼓励银行充分利用已经满足条件的现有所属机构，或者批准那些满足规定的新机构进行市场化债转股。同时鼓励各种实施机构开展合作，交叉实施债转股。

3. 推进市场化债转股

通过市场对资源进行优化配置，建立债转股对象市场化选择、价格市场化定价、资金市场化筹集、股权市场化退出等长效机制。市场化债转股的转股价格、债权转让和转股条件由银行、实施机构及企业自行协商决定。若债转股企业是上市公司，可以参考股票二级市场的交易价格来确定其股权转让价格，而如果是非上市公司，可以由竞争性市场报价或者其他公允价格来决定其股权转让价格。当实施机构筹集用于实施债转股项目的资本时，可充分利用各种市场化方式和渠道来获得社会资本。若参与市场化债转股的实施机构想要提前退出，可与企业进行协商，共同商定其退出方式。

4. 推进法治化债转股

鼓励实施机构在进行市场化债转股时，遵循公开、公平、公正的竞争原则，鼓励银行在满足相关规定的情况下建立新机构进行市场化债转股。债转股企业必须根据相关的法律法规实行公司的重新设立，对有关的股东及董事会进行变更重组等，完成工商注册登记或变更登记手续。上市公司应该根据证券监管部门规定的相关程序增发股份。实施债转股过程中，要根据法律规定保护和落实相关主体（股东、投资者和债权人）的合法利益。

5. 更好发挥政府作用

各级政府和相关部门要为经济发展创造出一个良好的区域金融生态环境，使股权变更及退出程序更加规范，根据法规保护和落实债权人的合法权益，使市场秩序维持在公平竞争的健康状态，在市场化、法治化的原则下，平稳有序地推进降杠杆工作。安徽省金融管理部门要尽快研究制定市场化债转股实施方案和配套措施，为市场化债转股过程中出现的各种问题提出解决方案。各级政府和相关部门不能强行指定某些企业、银行或其他金融机构参与市场化债转股，对债转股相关主体的具体事务不得进行干预，同时也不为债转股的任何损失进行兜底。

2019 年 8 月，《安徽省财政奖补支持政策（112 条）》提出，所在市、县（市、区）可对单户债权机构给予最高不超过 500 万元的奖励，此外省级按实际奖励额给予一定补助。

四、河南省

河南省在市场化债转股方面取得的巨大成功，与省人民政府办公厅在 2017 年 3 月发布的《河南省人民政府办公厅关于印发河南省属国有企业市场化银行债权转股权推进工作方案的通知》（以下简称《通知》）密切相关。截至 2019 年 3 月末，河南省市场化债转股项目累计已签约金额达到 1067 亿元，其中已成功落地的金额为 393 亿元，资金到位率 36.83%。河南能源集团有限公司资产负债率比债转股实施前下降了 4.5%，安阳钢铁股份有限公司、河南交通投资集团有限公司、中国平煤神马控股集团有限公司等企业的资产负债率较之前下降低 3.0 个、2.0 个、2.2 个百分点。通过市场化债转股，相关企业优化了其债务结构，盘活了企业的优质资产，帮助企业突破了债务困境，重新获得了发展动力。

1. 引导符合条件的企业开展债转股

《指导意见》指出了以虽遇到暂时困难，但具有良好发展前景的优质企业为原则的三种典型的可进行市场化债转股的企业，分别是：

（1）关键性企业。

（2）在成长型行业中有着高负债的企业。

（3）因行业周期性波动导致困难但拥有扭亏为盈希望的企业。

同样地，河南省也不允许失信企业等四类企业参与市场化债转股。

2. 鼓励多类型机构进行债转股

《通知》鼓励长城、信达、东方这样的全国性金融资产管理公司和满足市场化债转股实施条件的地方企业（如河南投资集团有限公司、中原资产管理有限公司等）增强与银行的合作，积极参与到市场化债转股项目之中。同时，鼓励它们和各保险资产管理机构总部进行积极合作，让保险资产管理机构也能参与到河南省的债转股项目之中。另外，支持银行对已经满足条件的现有实施机构进行充分利用，或者批准满足要求的新机构实施债转股。鼓励实施机构将社会资本应用到债转股之中，使资本实力得到加强。

3. 推进市场化、法治化债转股

坚持通过市场化选择债转股的对象企业，通过市场化来决定相关价格，通过市场化来募集资金，通过市场化来进行股权的管理和退出，依法依规进行市场化债转股。同时，银行没有权利直接将债权转为股权。

4. 强化市场主体信用约束

建立市场化债转股各个相关主体的失信行为联合惩戒机制，对于有偿还债务的能力而恶意逃避履行债务的企业和相关人员，以及造成国有资产流失等后果的企业和相关人员，必定会根据相关法律法规严格追究其责任。建立并完善满足投资者适当性原则的管理制度，规定可以进行降杠杆及满足市场化债转股要求的投资者必须具备的资格与条件。同时，还要构建符合规定的个人投资者识别风险和自担风险的信用承诺制度，这些制度可以预防降杠杆项目的投资者是不合格投资者，或者投资者承担的风险超出其可承受范围。

与《通知》同时发布的还有《河南省属国有企业市场化银行债权转股权推进工作方案》。该方案对市场化银行债权转股权进行了更为详细的规定。

（1）要求各级政府及其相关部门要加快制定市场化债转股的相关措施。

（2）省人民政府国有资产监督管理委员会负责对与债转股项目有关的股权转让、上市公司定向增发股票、国有企业资产评估等工作的督导，以及对相关部门的培训。

（3）省发展和改革委员会、市场监督管理总局要大力落实针对市场化债转股基金发布的相关政策，并为此开辟“绿色”通道。

(4) 税务部门要积极落实关于市场化债转股的税收优惠政策。当债转股企业为相关项目在政府机构办理资产评估、审批、登记等手续时，应该为其减免部分相关费用。如果金融机构与省属国有企业开展市场化债转股合作，那么要对其给予适当奖励。

《河南省属国有企业市场化银行债权转股权推进工作方案》对河南省的重点债转股项目进行了指导。

(1) 安钢集团项目：设立安钢集团产业转型基金，目标投资金额约 100 亿元。对于这一项目，政策给出了两项工作安排：一是要加快第一期项目的实施进度。二是尽快完成第二、第三期项目的准备工作。

(2) 河南能源化工集团项目：设立河南能源转型发展基金，目标投资金额 125 亿元。针对这个债转股项目，建设银行应该与河南能源化工集团积极合作，相关债转股方案的审批、评估及相关手续办理等工作要妥善完成。

(3) 平煤神马集团项目：设立平煤神马集团转型发展基金，基金规模约 125 亿元。这一项目的要求与对河南能源化工集团项目的要求相似。建设银行应该与其积极合作，要妥善完成相关方案的审批、评估等工作。

五、山西省

为了贯彻落实国务院在 2016 年发布的《关于积极稳妥降低企业杠杆率的意见》，使山西省的债转股项目得到积极推进，改革升级企业现有资本结构，改善企业高杠杆率的现状，根据《市场化银行债权转股权专项债券发行指引》《2019 年降低企业杠杆率工作要点》等相关文件，山西省人民政府办公厅于 2020 年 1 月发布了《山西省开展企业市场化银行债权转股权实施方案》。

1. 建立债转股项目储备库

(1) 引导具有高知名度，强竞争力且运营正常的省属国有企业紧抓有利政策窗口期，在进行市场化债转股时，要优先选择企业内部具有更强竞争力的子公司或业务模块。

(2) 具有高负债的省属国有企业在进行债转股时，要先进行合理的资产配置，形成的各个资产组合应满足相关要求，以此来提高企业的议价能力，尽快将市场化债转股提上日程。

（3）对于满足债转股要求的民营企业，应支持企业通过债转股吸引优质股东，改善企业的管理，提高核心竞争力。

（4）如果企业有意向进行市场化债转股，那么应该对企业的负债情况进行提前梳理。尤其是当企业具有高成本债务时，定要将信托公司这类的高成本债务纳入市场化债转股的范围。

（5）各级政府及相关部门要考察好区域内企业的特点，根据实施机构所需，筛选满足其要求并且愿意进行市场化债转股的对象企业，将这些企业名单汇总，形成一个详细全面的对象企业项目库。

（6）各类银行等金融机构要积极与库内企业进行联系，使对象企业能更好地运用以股抵债、收债转股等手段进行市场化债转股，进而推进市场化债转股项目的落地。

2. 完善国有企业资产负债约束

如果想要企业具有合理的负债规模，使企业的杠杆率维持在理想的范围之内，那么就要：

（1）充分利用国有企业资产负债约束机制，以此来区别各个行业、企业应有的资产负债率预警线和重点监管线。当企业债务超过时，对其进行科学评估。根据评估结果列出需要重点注意的企业名单，并给出企业应减少的资产负债率的目标和需要完成的时间。加强政府监督机制，要严肃处理那些因过高负债率而导致极差影响或巨大损失的企业。

（2）银行等金融机构应该加大限制国有企业负债的力度，增强授信管理，可用手段有联合授信机制等，最终达到约束市场化债转股企业过度融资的目的。

（3）加快创建企业联合授信委员会，其作用是可以通过企业的财务现状和日常经营来估算其可以承担的最大债务规模，之后双方达成对联合授信额度的共识，企业的实际融资总额是不可以超过这个额度的。

（4）鼓励金融机构帮助对象企业减小其资产负债率，可利用可转债、市场化债转股等多种手段。

3. 债转股工作中遇到的实际问题的解决方案

（1）各级政府和相关部门要尽快提出解决关键环节“卡脖子”问题的方案，使债转股对象企业能在价值确认等方面与金融机构形成统一的意见。

（2）要保证市场化债转股企业权证统一、权责清晰。山西省部分煤炭企业存在各种执照或许可证中的单位名称不同的情况，相关部门要尽快给出处置意见。

(3) 某些国有企业存在土地所有权证和采矿许可证上的企业并非自身的问题，相关部门要尽快提出解决方案。

4. 充分发挥各类实施机构作用

(1) 要加强与各类市场化债转股实施机构的合作，使其充分利用人民银行定向降准的优惠政策，通过金融债、同业借款等方式推动山西省债转股项目。同时，帮助企业了解市场化债转股的方法途径、投资架构，加强企业债转股意识。

(2) 股份制商业银行可以借由各种实施机构进入山西省市场化债转股之中。

(3) 支持国有资本投资运营公司或者地方资产管理公司通过设立基金或者发行资产管理产品的方式加快市场化债转股项目的落地。

5. 完善配套措施

(1) 完善债转股定价机制。可以向第三方评估机构寻求帮助，完善市场化债转股资产定价、交易规则。上市公司可参考股票二级市场交易价格确定公司转股价格，非上市公司参考竞争性市场报价或其他公允价格确定公司转股价格亦是一种可行的途径。

(2) 优化风险承担机制。在进行债转股时，若需要确定国有资产的价值，则首先要辨明相关主体的责任边界。对于没有过错的主体，要完善其尽职免责办法，解除其后顾之忧。

(3) 探索建立股权流转平台。通过建立债转股股权转让和流动平台，吸引更多的社会资本参与到市场化债转股项目之中，使债转股对象企业的股权流动性增强。

(4) 落实税收优惠政策。使有意愿进行市场化债转股的企业切实受到财税激励，并且可以利用债转股企业的税收优惠政策。比如，对于满足要求的权益性投资收益，债转股企业是可以在税务方面享受相关的优惠政策的。

六、政策对比

通过辽宁、陕西、安徽、河南和山西五个省的政策分析可以看到，各个省的政策在总体方向上与国家政策保持一致，都秉持着市场化、法治化的基本原则，积极推动债转股实施进程。同样地，在各个省的债转股政策中都可以看到中央政

策的影子。比如，《关于市场化银行债权转股权的指导意见》中被强调的有关债转股企业选择方面的“三个鼓励，四个禁止”，在地方债转股政策中多次出现，着重强调。

有相似亦有不同，地方政策都根据本地的实际情况，结合自身特点制定了更为详细的实施方案。辽宁省为了实现经济振兴，更多地关注本省企业。陕西省市场化债转股则更多地专注于降低金融机构的融资风险和改善企业的资产和融资结构，指出可以通过推进市场化债转股和投贷联动试点来改善企业融资和资产结构。安徽省在响应国家号召，贯彻落实相关政策的同时，更多地强调债转股要遵循法治化的原则，指出各级政府和相关部门要为经济发展创造出一个良好的区域金融生态环境，尽快研究制定市场化债转股的具体实施方案和配套措施，以应对所遇到的各种问题。相对于其他省份的债转股政策，河南省的政策要更为细化，其将重点更多地放在了项目层面，以安钢集团项目、河南能源化工集团项目和平煤神马集团项目为例，分别对其提出了要求及后续工作的详细安排。同时，还强调了市场主体信用约束的重要性，要尽快建立市场化债转股各个相关主体的失信行为联合惩戒机制。山西省同样针对自身情况对债转股提出了较为详细的实施方案，其指出要建立债转股项目储备库，完善国有企业资产负债约束，强调了对风险承担机制、股权流转平台、税收优惠政策等配套措施进行完善的重要性。

第六章　市场化债转股的操作模式解构

如果债转股企业是上市企业，根据我国相关的法律法规，实施机构要想转让债转股企业股权，必须满足数量和期限等方面的要求，但在此期间，股票价格是不稳定的，其波动性可能会阻碍实施机构的股权退出，导致其退出周期拉长。

第一节　市场化债转股的主要操作模式

一、基于运作方式的模式分类

1. 收债转股

收债到股权的过渡反映了实施机构将从对象企业转移的债权变为股权的全过程。在之前我国政府引导的债转股项目实施中，四家主要资产管理公司主要以贴现的方式从四家大型国有商业银行转移不良贷款，且对象公司尚未破产，即收债转股。在此次市场化债转股的实施过程中，主流模式并不包括收债转股，主要原因在于债转股实施机构需要从其他债权人手中折价购买债权，并将其转化为该公司股权，这将导致投资公司产生高额的交易成本，且谈判周期也会比较长。在市场化债转股的推进中，实施机构会因成本和周期等因素拒绝参与，参与热情和积极性会大打折扣。

2. 发股还债

发行债务意味着对象公司先通过增资和扩股的方法从实施机构引入资金，然

后通过注资偿还债务。从此次市场化债转股的实施过程和具体方案来看，发股还债是当前较为主流的操作方式之一。发股还债凭借其鲜少涉及有关债务的折价定价问题而成为此次市场化债转股的主流模式。公司通过增资扩股所引入的资金用于偿还债务。根据账面价值偿还债务可以降低道德风险，并最大限度地保护有关各方的热情。另外，由于操作简便，债权人协商谈判债权折价作价的环节也得到了有效的减少。

二、基于投资模式的模式分类

1. 股权基金投资模式

在这个操作模式中，指定为基金实施机构的实体与证券掉期公司合作，构建一个新的有限合伙基金［此时双方都担任普通合伙人（GP）］，基金担任优先有限合伙人（LP），这种投资模式通过增加资本投入、优先股或委托贷款等方式对债转股的对象企业进行投资，对象企业收到的投资用于偿还贷款。这种投资模式多用于中央企业，在实施过程中，债转股对象企业是基金的实际控制人，可以将基金合伙合同和条款作为操作基准，将外部资本在债务—资本合并上报告为少数股东权益，从而降低总债务与权益比率。

2. 股权直投模式

在这种操作模式下，实施机构作为资金方，通常以普通股或优先股的方式对对象企业的控股子公司进行投资。对象企业的控股子公司在完成增资扩股之后会进行债务偿还，进而达到充实资本、降低负债的目标。另外，实施机构将派董事等实际参与子公司的日常治理。这种模式与股权基金投资模式的不同是，该模式主要通过股权直投获得股息红利。本轮市场化债转股业务多采取股权直投的模式。

3. 永续债模式

永续债模式是指实施机构通过永续信托计划及债权计划等投资方式，对转股企业进行永续债融资，从而实施债转股业务。在选择永续债模式时，实施方和标的企业会就标的企业的选择权进行明确标示，具体包括递延付息选择权、递延续期选择权等。另外，权益资金会计认定标准同样适用于永续债投资，具体表现为，债转股标的企业无论是选择递延付息还是选择递延续期，利息的调整水平都要保障投资方收益率不高于相同期限的市场利率，以保障永续债模式在会计核算上可以计入权益类科目当中，从而使企业的资产负债得以减少。在实际操作市场化债转股的过程中，永续债券投资的调息条款通常会出现在股权基金投资和股权直投这两种投资模式中。例如，在市场化债转股的具体操作协议当中，投资人首次投资到期末退出，可以选择在一定的比例基础上将年化投资收益率上调 100 个基点，此后每满十二个月可再次调升 100 个基点，直到累计调升达到 300 个基点。

三、基于收益实现及退出路径的模式分类

1. 资本市场退出模式

资本市场退出模式指的是投资机构通过上市或者持有上市公司的股份完成资本的退出。该退出模式主要分为两种方式：一是债转股对象企业内部的上市公司通过定向增发的方式将投资机构持有的股权进行购买赎回；二是债转股对象企业完成债转股之后，投资机构将先前持有的非上市公司的股权转变为上市公司的股份，以便获取股权投资收益并进行资本退出。在目前已经完成市场化债转股的项目中，选择资本市场进行股权退出的企业有中国铝业、中国重工和中国中铁等央企。

2. 对象企业或其母公司回购退出模式

已经实施或完成市场化债转股项目的企业，通过回购的方式进行退出也是众多退出方式中的一种。回购模式指的是在与债转股对象企业设置股权回购机制的同时协定预期的股息分红率，从而在债转股后期实现股权投资能够顺利退出的目的。回购退出通常作为一种补充退出方式存在于目前市场化债转股的操作过程中，旨在探索多元化的退出方式和退出体制。换言之，此种通过债转股对象企业或者母公司回购来完成股权退出的方式应视为一种权利，而不是必须选择的义务。此种退出方式要想成为真正意义上的市场化债转股，还需满足一个必要条件：从市场化债转股实施机构的角度来看，最终能否顺利通过回购股权完成退出受制于债转股对象企业的实际经营业绩，同时因无法顺利将投资股权回售给债转股对象企业或其母公司而产生的不确定性风险由实施机构承担。从市场化债转股对象企业的角度来看，并不是每家实施市场化债转股的企业都可以通过回购股权的方式完成投资的退出，对象企业要想顺利地成为回购方完成回购，还需满足公司法中的相关规定：对象企业回购自身股权必须从其税后利润中列支。因此，无论是回购方还是债转股对象企业或其母公司，都需要有较为雄厚的收益作为基础，否则只会增加融资成本和融资压力。

3. 第三方转让退出模式

对于市场化债转股实施机构而言，若债转股对象企业在完成债转股之后未能成功上市，则可以通过第三方转让的方式实现资本的退出，通常包括企业并购、全国中小企业股份转让系统（新三板）等第三方渠道。但是，在市场化债转股的实际操作中，第三方转让退出模式更多是出现在协议文本上，在实际操作中由于受到转让成本、股权定价机制及受让方的匹配难度等因素的影响，第三方转让退出模式并不是股权退出的优先选择模式。

第二节　基于商业银行视角的市场化债转股操作模式研究

一、"借助全资资产管理公司或子公司"模式

债转股企业均是商业银行信贷客户，银行附属机构作为其股东，相较于其他实施机构，具有天然的获取信息和债转股议价优势，并且与其他金融机构相比，银行具有资金规模大、期限结构灵活、融资成本低、风险承受能力强等优势。从目前的运作情况来看，商业银行附属机构确实主导了债转股市场。就 2017 年实施的债转股项目来看，绝大多数项目都采用"借助全资资产管理公司或子公司"模式，未来各大银行成立的债转股平台预期也将主导债转股市场。

2016 年，伴随债转股项目的正式落地，五大行相继发布公告，宣布成立全资资产管理公司（以下简称"资管公司"），统筹负责集团内债转股业务（见表 6-1）。其中，资管公司和子公司都具有投资功能，且附属于银行，银行借助它们的平台操作债转股，从而间接持有企业股票。

表 6-1　五大行设立债转股专门实施机构情况

银行名称	子公司名称	持股比例（%）	注册资本（亿元）	公告日	获批时间
中国建设银行	建信金融资产投资有限公司	100	120	2016 年 12 月 21 日	2017 年 4 月 11 日
中国工商银行	工银金融资产投资有限公司	100	120	2016 年 12 月 9 日	2017 年 4 月 25 日

续表

银行名称	子公司名称	持股比例（%）	注册资本（亿元）	公告日	获批时间
中国农业银行	农银金融资产投资有限公司	100	100	2016年11月23日	2017年4月14日
中国银行	中银金融资产投资有限公司	100	100	2016年12月22日	2017年5月19日
交通银行	交银金融资产投资有限公司	100	100	2017年1月19日	2017年9月21日

在实际操作过程中，利用资管公司或子公司进行市场化债转股要经过以下四个步骤/阶段（见图6-1）：

首先是银行的债权转移。资管公司或子公司将接手商业银行对债转股对象企业的债权，同时资管公司或其投资企业支付相应的对价，完成债权转移。

其次是债权向股权的转换。银行债权通过对价支付转让给资管公司或其他子公司之后，资管公司或子公司按照对应的价格比例将其转换成市场化债转股对象企业的股权，完成债权向股权的转换。

再次是投资目的的实现。资管公司或子公司完成债权转股权之后，以企业股东的身份对市场化债转股对象企业进行主动管理，促使企业实现更好的发展，实现投资目的。

最后是资管公司或子公司的股权投资退出。在达到了预期收益或债转股对象企业步入正轨之后，资管公司或子企业通常会采取回售股权、债转股对象企业上市，以及将股权出售给第三方等方式完成退出。

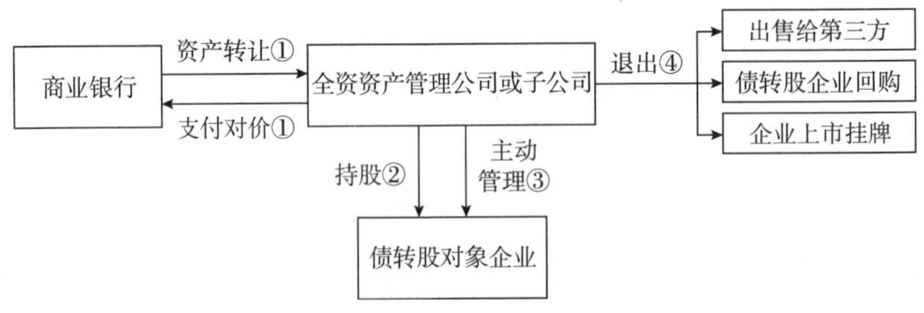

图6-1 “借助全资资产管理公司或子公司”模式的交易结构

通过组建资管公司或者旗下子公司的方式进行市场化债转股的模式并不是完美的，对商业银行来说更是如此。从有利于商业银行的角度来看，进行市场化债

转股的模式可归纳为三个方面。

首先，资管公司或子公司本质上属于商业银行的附属机构，与其他第三方实施机构相比具有更明显的优势，能够很好地避免商业银行与实施机构之间的信息不对称问题，有利于在操作过程中顺利地开展商业谈判、尽职调查、价值评估等操作流程。其次，资管公司或子公司在资金来源方面也具有更明显的优势。作为商业银行的附属机构，资管公司或子公司可以充分且便利地利用商业银行的自有资金、理财资金或通过商业银行进行债券融资，既能够保证资金来源，又能够最小化资金成本。最后，由商业银行设立的资管公司或子公司能够在实施市场化债转股的过程中充分考虑商业银行的实际情况，对债转股过程中可能因债权折价带来的财务损失进行管控和分担，同时还可以为商业银行带来因债转股对象企业经营好转而产生的潜在收益。

另外，通过商业银行组建资管公司的模式进行债转股也存在一定弊端。首先，对商业银行而言，组建资管公司并完成对贷款债权的收购会大大占用银行的自有资金，使商业银行的资金成本大大增加。其次，根据《中华人民共和国商业银行法》《商业银行资本管理办法》的相关规定，在法律规定处分期限内，商业银行对工商企业股权投资的风险权重较大，因此这会在很大程度上加大银行的资金流压力。最后，商业银行编制报表时须将资管公司和子公司的股权资产进行报表合并，商业银行此时必须自行消化压力资产。

政府提出新一轮的市场化债转股之后，得到了商业银行的积极响应。其中，首单中央企业的市场化债转股项目和首单地方国有企业的市场化债转股项目均是通过中国建设银行成立全资资管公司或子公司的方式完成的。这两单市场化债转股落地项目的资金来源主要是资管公司通过募集筹得的社会资金，以市场化债转股对象企业旗下具有良好发展前景的优质企业为投资对象。在此次市场化债转股项目的实施过程中，中国建设银行对债权转股权的风险进行了有效控制，在社会资金的加入下，充分利用不同资金对不同风险和回报的项目进行了分隔管理。

二、“借助第三方 AMC 等实施机构”模式

以商业银行对企业发放贷款所形成的债权为主、以其他债权为辅是此次债转股政策的主要内容，因此第三方受让商业银行的债权也是此轮债转股的主要形式。四大国有资产管理公司（AMC）在之前的债转股项目中通过参与企业经营、

提升企业股权价值、应用退出渠道退出等积攒了丰富的项目经验，建设了完备的人才队伍，这对审慎选择债转股优质标的、拓展融资渠道具有天然的优势。与此同时，保险资产管理机构、国有资本投资运营公司等 AMC 也积极接洽，增强债转股实施主体的多元化。

这种借助 AMC 实施债转股的过程为：AMC 等第三方机构应用传统的不良资产收购业务收购商业银行通过企业贷款形成的信贷资产，之后将企业债权转换为股权，最后 AMC 等第三方参与机构通过企业挂牌上市、出售、回购等方式退出，如图 6-2 所示。

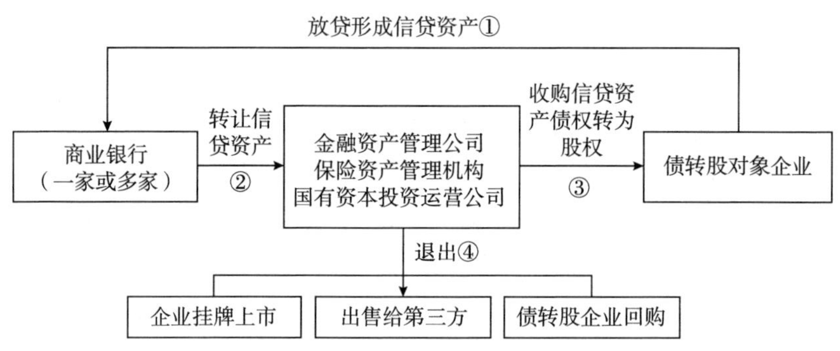

图 6-2 “借助第三方 AMC 等实施机构”模式的交易结构

该模式具有以下优势：第一，AMC 等实施机构拥有成熟的运作经验和完备的人才体系，熟悉国家相关政策，能够高效运转债转股整个流程；第二，由于 AMC 等并不是商业银行的债权人，与商业银行并不存在利益关联，因此其能够更加公允地定价，更为公平、公正、客观地平衡各方债权主体的利益，最大限度地降低道德风险，提高债务—资本互换的执行效率；第三，AMC 等实施机构在市场化转型中不断完善自身综合金融服务体系和功能，普遍具备多种金融业务（银行、证券、租赁、信托、基金等）牌照，可以运用其综合金融服务优势，协同发力，助力实体企业降杠杆。通过金融支持实体产业、灵活债权股权转换来盘活存量资金，将全产业链金融服务贯彻于整个企业的生命周期，有助于有效解决实体企业融资难的问题。

AMC 等实施机构进行债转股的劣势也较为明显。首先，商业银行、AMC 等

实施机构与政府部门间存在信息不对称问题，可能会导致债转股实施过程中相关程序复杂，增加操作的成本；其次，债转股后，AMC 等实施机构取得国有企业的控股地位不一定代表其掌握国有企业的实际控制权，企业主管部门仍掌握经营者的任免权，这削弱了持有股权的 AMC 等实施机构对企业的实际影响力；最后，从法律层面来说，AMC 对债权转移、诉讼、执行主体变更、抵债资产过户等的处理，都面临一定的法律障碍。

陕西煤业化工集团有限责任公司债转股陕西陕煤榆北煤业有限公司与黄陵矿业集团有限责任公司两笔业务即是此种模式。陕西煤业化工集团有限责任公司作为新一轮债转股实施后全国已落地债转股规模最大的企业，2015 年的资产负债率高达 80%。在陕西陕煤榆北煤业有限公司与黄陵矿业集团有限责任公司的债转股项目中，陕西金融资产管理股份有限公司作为其 AMC 等实施机构，积极构建合作型基金，共吸纳社会资金 100 亿元和 50 亿元。债转股实施后，截至 2017 年底，其资产负债率降低 8~10 个百分点。

第三节　基于 AMC 视角的市场化债转股操作模式研究

2016 年，国务院发布了《关于市场化银行债权转股权的指导意见》，鼓励各类 AMC 等实施机构进行市场化债转股时遵循公正、公开、公平的原则，不仅明确支持 AMC 等实施机构、私募股权投资基金与其他股权投资机构之间的合作，而且鼓励 AMC 等实施机构之间的相互合作。对于涉及数个债权人的项目，可以成立债权人委员会进行协调，委员会的成立可以由最大债权人牵头，也可由主动发起市场化债转股的债权人牵头。当存在多个债权人时，AMC 等实施机构对债转股方式的指导就显得非常重要。市场化债转股是降杠杆的难点，作为三大市场主体中处于核心地位的 AMC 等实施机构，其应该依照具体情况将筹集的资金投入企业的实际生产经营活动中。对于直接投资债转股的市场化操作模式和间接投资债转股的模式，要根据不同的情况择机选择。

一、直接投资债转股模式

直接投资债转股模式依据投资标的不同，可以分为如下两种模式：

1. 投资金融工具模式

投资金融工具模式是指债转股 AMC 等实施机构直接投资对象企业发行的优先股、可转债等金融工具，其具体过程：首先，债转股 AMC 等实施机构承接商业银行的债权；其次，AMC 等实施机构运用资产管理计划、投资基金、信托、理财产品、发行专项债等方式筹集资金，借助外部资金来实施债转股；再次，将筹集的资金投资于债转股对象企业发行的优先股和可转债等金融工具；最后，在触发条件发生时将可转换债券转为企业的普通股，具体如图 6-3 所示。

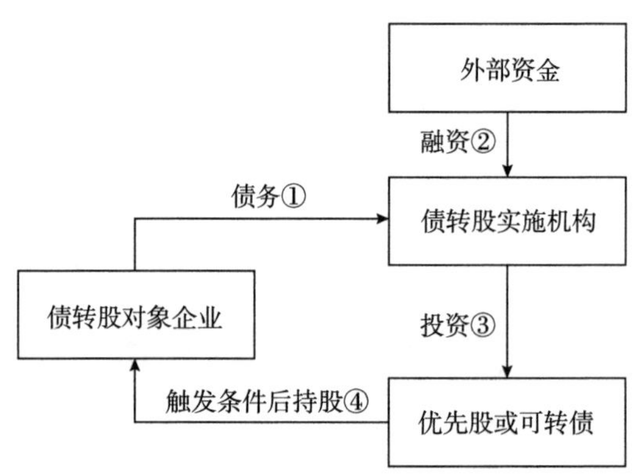

图 6-3　投资金融债转股操作模式

优先股和可转债均为固定收益证券，这种模式的缺点在于，此种模式虽为主动投资，但是被动管理，因此在选择对象企业时，应选择成长性良好的高科技企业、战略性新兴产业及行业龙头企业。

2. 投资企业股权模式

投资企业股权模式是指金融资产管理公司或其附属机构，以财务性投资直接投资债转股对象企业的股权，这种财务性投资方式保证了公司合理的收益率，畅通了退出渠道（见图 6-4）。投贷联动的模式也是直接投资股权模式可以采用的，实质上是一种股权债权复合的模式。债转股项目参与者可在协议中提前约定股债

互转的条款，确保公司投资在不同情况下的风险能都保持可控状态。2016 年，中国银行业监督管理委员会在部分银行和地区开展投贷联动试点，债转股与投贷联动试点相配合，为商业银行经营转型提供了新思路，助力了实体经济转型。

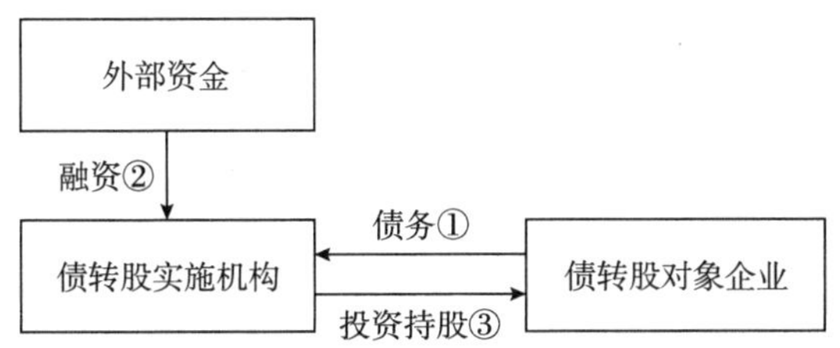

图 6-4 投资企业股权债转股操作模式

2017 年 12 月 12 日，工银金融资产投资有限公司与国家电力投资集团有限公司所属企业内蒙古白音华蒙东露天煤业有限公司签署增资扩股 10 亿元的债转股协议，增资款将用于偿还对象企业的存量债务，这标志着内蒙古、国家电力投资集团有限公司乃至中央企业首个“直投式”债转股项目圆满实施。

总的来说，此次债转股项目与其他项目不同的地方在于，其在权益确认上有比较重要的突破和改变，经历了与金融机构偏债性投资管理理念和机制九个多月的磨合后，最终获得了金融机构的认可。这是国家电力投资集团有限公司与中国工商银行签订债转股合作框架协议后落地的首单业务，它的顺利推进意味着国家电投与银行债转股子公司的业务合作进入了实质阶段，为之后市场上其他债转股业务的实施起到了引导作用。本项目的实施不仅解决了企业发展中的暂时困难，优化了融资结构，还使债转股对象企业的资产负债率降低了约 20 个百分点，为企业发展提供了所需资金。同时，该项目也为内蒙古公司推进混合所有制改革，完善公司治理结构，强化激励约束机制，建立持续健康发展的长效机制带来了新契机。

二、间接投资债转股模式

间接投资债转股模式的主要步骤：①由 AMC 等实施机构牵头成立合伙企业，划分各个合伙人之间的权责；②合伙企业借助投资基金、信托计划、资产管理计划、理财产品等进行外部募资；③将资金以增资或股权转让的方式注入债转股对象企业，合伙企业获得相应的股权/股权收益权；④合伙企业对债转股对象企业进行主动管理，对该债转股项目进行监督（见图 6-5）。

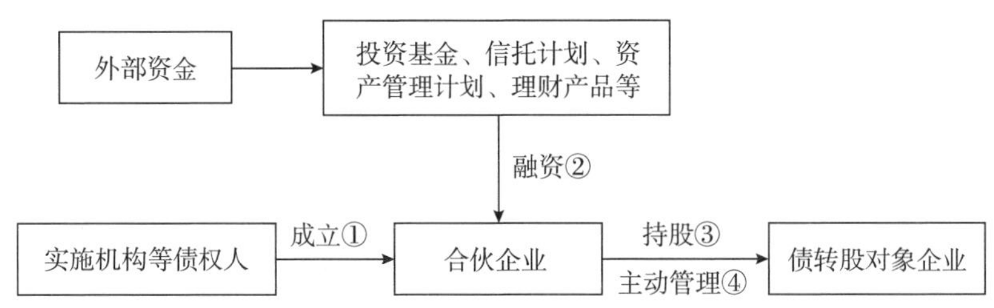

图 6-5　间接投资债转股操作模式

目前，市场化债转股大多都采用由债务人、债权人和其他社会资金提供方出资认购的有限合伙基金形式，并根据资金方和 AMC 等实施机构的要求设定权责承担的级别，一般以社会资金提供方为优先级 LP，以实施机构为夹层或劣后级 LP，以转股企业为劣后级 LP，该基金的管理人作为 GP，利用成立基金的方式募集资金投入合伙企业中，入股转股企业，置换出企业债权，从而实现降低杠杆率、提高经营水平的目的，具体运作模式如图 6-6 所示。

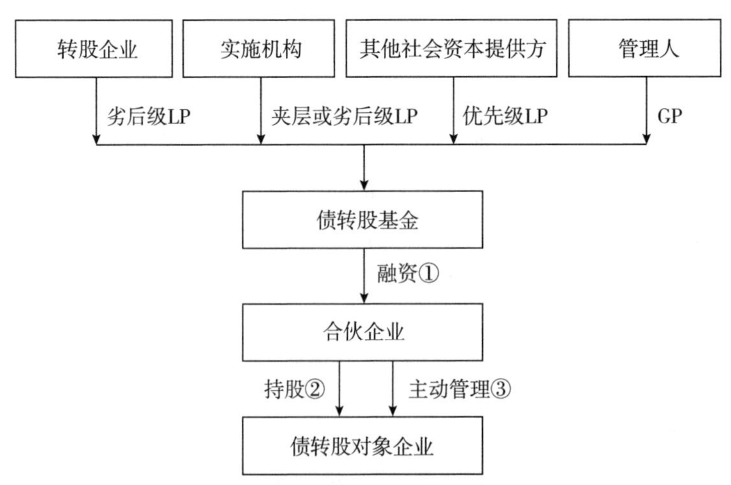

图 6-6　有限合伙型基金债转股操作模式

在新一轮的债转股中，武钢集团采用的就是此种模式。项目实施过程如下：首先，武钢集团与中国建设银行设立了240亿元的发展基金（武汉武钢转型发展基金），分两期募集。第一期的合伙人由建银国际（控股）有限公司与武钢集团的下属基金公司以1∶2的比例出资，其中武钢集团出资100万元，建银国际（控股）有限公司出资49万元；第二期是建银理财与武钢集团以1∶5的比例出资，其中建银理财出资100亿元，武钢集团出资20亿元。项目实施后，武钢集团的资产负债率下降了10%，与行业平均负债率持平。

总的来说，上述这种债转股实施模式的优点主要表现在以下几个方面：首先，能够有效将风险隔离起来，合伙企业法规定，有限合伙企业中的有限合伙人以其全部出资承担相应责任。对债权人来说，有限合伙人以债权的形式出资，如果持股企业存在亏损，那么有限合伙人实际上以持股的债务承担有限责任，并不会以现金的形式承担责任。其次，能够提升债权人的实际受偿率。有限合伙基金不作为纳税主体，其不用缴纳资本利得税及企业所得税，可以有效避免多重赋税的压力。最后，对流程比较复杂的债转股项目而言，有限合伙的方式有利于债权人加入、退出对应的持股平台。债权人加入、退出持股平台的流程与前提条件可以通过协议约定，也可以赋予普通合伙人最大的权限处理相应问题，但是此模式仍存在一定的风险。首先，有限合伙基金的监管力度将有所削减。托管银行除了需要负责托管资金的安全外，还需要按照协议进行资金往来支付，对其投资资金的运作不具备监管权力，因而投资资金的流向管理将会受到限制。其次，为了降低风险，基本上所有有限合伙基金都选择有限责任企业作为普通合伙人，原则上需要承担无限责任的普通合伙人实际上只负责出资，因而担保能力较为低下。

三、AMC参与市场化债转股的难点问题与注意事项

总的来说，AMC参与市场化债转股项目的难点集中于以下几个方面：

第一，参与企业大多为大型企业，中小型企业的债转股项目实施难度较大。《关于市场化银行债权转股权的指导意见》指出，实施此次市场化债转股的对象企业要满足发展前景较好、信用记录良好，且能够在后期获取盈利等条件。综合当前需要进行债转股的对象企业的经营情况来看，大多数符合要求的企业都属于大型企业，中小型企业的发展情况较差，很难进行债转股项目。

第二，信息不对称将导致AMC对转股对象的管理难度加大。债转股后，由

于大量AMC不参与企业的实际经营与决策，因而会存在企业与AMC之间信息不对称的问题。实施债转股会影响AMC对企业经营状态的实时跟踪，这将导致AMC的权益难以得到完全保障，影响AMC进行市场化债转股的参与度。

第三，退出机制尚不明确。市场化债转股由于流程较为复杂，需要多方机构的协调与配合，加之我国债转股资产证券化的发展程度不足，因此股权市场对其产生的效用将极其有限。另外，由于当前市场流动性不足、定价体系不够健全，故股权交易在债转股项目实施后的转股流程难度较大。本轮市场化债转股的社会资本参与不多，私募股权等投资基金的参与意愿不高，因而可能会导致后续资金大量沉淀，退出机制难以优化。

在AMC参与的市场化债转股项目当中，现阶段应该注意的事项可以总结为以下几点：

第一，注意对债转股对象企业进行转股前分析。从本次国家对市场化债转股项目的政策要求来看，本次债转股主要是为了解决一些产业发展前景较好、符合国家发展方向和技术壁垒较高企业的债务问题，提高企业的资金周转速度。对债转股对象企业进行转股有利于企业摆脱困境，降低企业的财务杠杆。基于上述要求，AMC在参与市场化债转股前一定要把好关，尽可能选择一些优质的企业进行转股，切忌对“僵尸企业”实施债转股。

第二，坚持以市场需求为导向发挥优势。目前，我国AMC已经基本实现了市场化改革，由于本次债转股的大基调是基于市场化需求，因而各家AMC应积极推动国内上市进展，为其充分化解转股企业的不良资产提供资金支撑。另外，AMC还需要加强获取资金的能力，一方面可以通过吸引民间资本、境外资金、发行债券等方式获取资金，另一方面需要强化对社会资金的吸纳力度，可考虑依托债转股后的股权进行资产证券化流程，以提高不良资产的处置效率。

第三，积极完善退出机制。在债转股项目实施过程中，AMC可考虑应用回购协议、利润分配、股权转让或质押等方式退出。对于一些发展潜力较好的企业，可以将转股后的股权转让给其他机构；对于一些经营能力有所改善的对象企业，可考虑以企业回购的方式进行股权退出；对于市场前景较好的企业，可利用推动其上市的方式进行股权退出；对于一些股权集中度较低的企业，如果该企业的实际控制人较强，那么可以通过向企业的实际控制人或者管理人转让股权的方式实现股权退出。

第四节　基于“两步走”的操作模式研究

自从中国船舶重工股份有限公司于2017年采用“两步走”模式进行以市场为导向的债转股后，其他一些上市公司也采用了类似的模式。例如，湖南华菱钢铁股份有限公司，中国铝业股份有限公司和中铁集团以上市公司或子公司为债转股标的；中金黄金股份有限公司和中国船舶工业股份有限公司的重组标的主要为债转股后集团公司的子公司。市场慢慢开始接受市场化债转股的“两步走”模型，这一转变对我国市场化债转股进程发挥了积极的作用。以中国船舶重工股份有限公司为例，其实施市场化债转股的“两步走”操作模式如图6-7所示。

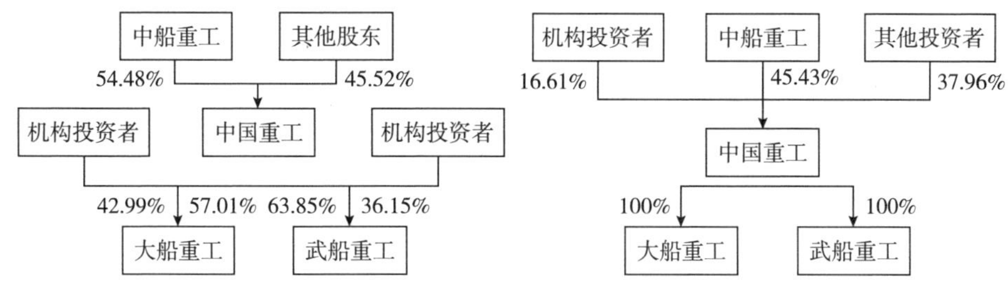

图6-7　市场化债转股“两步走”操作模式

从字面意思来看，两步交易即可实现“两步走”模式的市场化债转股过程。如图6-7所示，“两步走”模式的两步交易如下所述。

第一步：鼓励机构投资者购买债权，成为上市公司（中国船舶重工股份有限公司）二级全资子公司（大船重工和武船重工均未上市）的债权人，然后将该债权转为该公司相应的股权。除此之外，提升上市公司二级全资子公司中机构投资者的现金持股力度，现金投入越多，这些子公司的偿债能力就越强。

第二步：机构投资者通过股权的反售进行股权的置换，从而形成相应的退出机制。与此同时，上市公司通过购买机构投资者的股权，实现了全资控股其二级子公司的目标。

在市场化债转股“两步走”模式下，二级全资子公司利用机构投资者现金或债权的增资偿还银行贷款。在此情况下，银行持有的所有企业债都可以得到清偿，而机构投资者承担二级市场股价波动的风险。此外，当前政府大力推进以市场为导向的债转股，是希望企业真正贯彻落实债转股方案，而非“明股实债”。在设计股权退出渠道时，基金模式的市场化债转股没有体现股权市场化的特征，在该模式下通过回购条款来实现股权退出的情况占大多数。还有部分机构参与签订“有息债转股”协议，协议表明银行并非和普通股股东享有相同的股份分红收益，而是通过提高保底收益率来获取固定收益。“两步走”的市场化债转股强调的是“市场化”，即参与债转股的投资者可以在二级市场上自由交易所持有的上市公司股权。

第五节　市场化债转股退出机制

退出机制是推动市场化债转股项目落地的最后一环，能否有效实现退出，以及能否合理退出，决定了实施机构参与的积极性。市场化债转股理论上应采取市场化退出机制来实现资本的变现。相关政策也鼓励实施机构采用多种市场化方式实现退出，具体方式有：属于上市公司的债转股企业，其股权在遵守限售期等相关监管规定的前提下可以依法转让退出；属于非上市公司的债转股企业，应鼓励利用并购、区域性股权市场交易、上市、全国中小企业股份转让系统挂牌等渠道实现转让退出。但是，对资产体量大、资产负债率高的重工业企业而言，挂牌退出或重组上市较难。

一、退出机制现有研究及国内实践

在股权退出机制的研究领域，卜建明（2017）认为，由于当前产权交易市场和资本市场不够发达，所以以市场为导向的债转股股权退出还不够便利。例如，非公开发行和大股东减持方面的规定过于严苛等。针对此情况，政府应制定切实有效的支持措施，给予符合条件的债转股企业必要的绿色政策，完善产权交易市场和资本市场，使债转股股权的退出渠道变得更加顺畅。王育森（2018）提出，应鼓励保险公司、商业银行、外资机构投资入股债转股实施机构，以推动市场化债转股扩量提质。这些拥有不同风险偏好的债转股实施机构可以提高以市场为导向的债转股参与主体的多元化程度，与此同时，它还可以有效地提升市场化债转股的公平性，提高市场化债转股定价机制的透明度和科学性，进一步激发实施机构参与市场化债转股的热情。随着前端债转股实施机构的扩容，经营模式和融资渠道的扩大，债转股退出机制将成为加快实施市场化债转股的最后一步。借助基金份额转让方式，私募股权投资基金或将在突破资金退出瓶颈，降低资金参与风险上发挥重要作用。邓军（2018）提出，截至目前，从上一轮政策性债转股来看，债转股退出机制仍面临许多挑战，主要体现在两个方面：第一，债转股企业本身可能没有足够的资金来回购股权，即使该企业盈利，它也可能不愿意使用这些资金来回购股权。第二，一些资产管理公司和债转股企业在股票定价方面存在分歧。因此，他认为丰富债转股参与者并增强债转股企业的盈利能力将有助于股权退出。马萍萍和王焕智（2018）提出，债转股企业的后续经营效果应该决定实施机构的股权风险。他们认为，必须从初级市场入手，对二级市场保持高度的责任感，以确保平稳的资金流动及股权的顺利退出，坚决抵制“僵尸企业”“僵尸股权”流到市场，使用客观、公正的指标来选择适合进行债转股操作的企业。

1. 债转股股权退出的国际经验

国际上的债转股主要有三个目的。一是解决国际债务危机。20 世纪七八十年代，在高债务水平下，巴西、智利、阿根廷、墨西哥和其他国家采用了一种将外债转换为国内企业股权的方式，这种方式不仅能吸引国际投资、刺激生产，还能减少债务。二是经济转型的需要。20 世纪 90 年代，中欧和东欧国家受苏联解体影响转向了市场经济体系，债转股摆脱了计划经济时代的不良银行资产，促进了私有化进程，减少了外债。三是应对危机冲击。1929 年意大利应对美国经济政府危机、1997 年韩国应对亚洲金融危机均实施了债转股方式，2008 年美国金融危机时对通用汽车和 AIG 也采用了债转股方式。

债转股的目的和背景因国家而异，但股权退出的方式有某些相似之处。一是债转股退出方式受最高层级政府结构的影响。例如，波兰的银行调节协议（BCAs）指出，股权退出可通过重组、破产等其他方式进行。二是资本市场起着重要作用。当资本市场较发达时，IPO 上市，二级市场交易等股权退出方式会得到有力支持。三是除了市场的决定性作用外，政府也起了关键性作用。例如，美国政府对通用汽车和AIG的救助，韩国政府的立法行为等。四是普通商业银行不直接参与债转股的股权退出。日本母子公司模型、美国RTC模型等都将债转股的具体工作交给相对独立的执行机构来完成。

2. 债转股股权退出的国内实践

在20世纪90年代国有企业改革通缩压力较大和国有商业银行不良贷款率高的背景下，我国进行了首次债转股，这次债转股具有典型的政策性。为了对四大国有商业银行的不良贷款进行债转股，我国成立了信达、东方、长城、华融四家资产管理公司。最初的计划是进行股权回购、股权转让和企业上市等，但受到资本市场发展、股权定价机制和协议转让成本等因素的影响，事实上大多数项目通过企业回购完成股权退出，而那些无法有效退出的股权将留在资产管理公司。继2016年施行新一轮债转股后，云南锡业集团（控股）有限责任公司、武钢集团等债转股项目相继签约，新一轮债转股将更加注重市场化原则，资本市场在股权退出方式上将发挥更大作用。例如，中国第一个国有企业市场化债转股项目为中国建设银行与云南锡业集团（控股）有限责任公司，双方约定股权退出机制将采取“上市+回购”的方式。

3. 市场化债转股退出的实例

从已经完全以市场为导向的债转股公司的角度来看，通过建立基金或第三方（如AMC）实施的市场化债转股的主要退出方法如下：

第一，武钢集团采取“股权投资+回购”的方式实现退出。集团到期债务主要用于投资即将上市的子公司，借助二级市场或新三板、区域股权交易上市等方式退出。同时，银行提出若公司在债转股后不能满足银行要求，则银行有权要求其按一定条件回购股份。

第二，云南锡业集团（控股）有限责任公司债转股的退出机制是，在股权增资交割三年后，通过发行股票或向投资者支付现金来购买投资者所拥有的云南华联锌铟股份有限公司的股份。华联锌业承诺在投资者拥有华联锌的期间，投资者每年将获得不低于当年净利的10%的现金股利。

采取“两步走”进行以市场化债转股操作的企业，借助上市公司平台实现股权退出，参与债转股的投资者可以在二级市场上自由交易上市公司的股票，这更加突出了市场化的特点。

二、债转股退出机制面临的问题

1. 部分退出方式的可操作性较低

当前，有关市场化债转股的准则并未明确定义股权退出方法，该文件中唯一出现的相关内容是，如果预计有股权资本退出，可以自行协商退出方式。根据现有案例，退出方式主要有四种：一是转股企业与执行机构签订回购协议。二是该转股公司已经在证券交易所上市，可以利用二级市场进行减持退出。三是通过非上市公司向上市平台注资的方式，将上市公司资产置换成对应股权，然后再减持退出。四是若转股企业未上市，则可以在新三板或证券交易所进行转让。通过新三板或区域股权交易所转让、通过股票市场进行股份减持或通过协议转让都可称为股权转让，因此，股权退出可分为回购和转让两大类型。

但是，实际上退出方法仍然较少，这与退出政策的严格性和实践基础的薄弱性密切相关。就债转股而言，大多数债转股的对象企业无论上市与否，都属于周期性行业。当上市公司的债转股过程涉及 IPO、定增、并购重组等事务时，退出会比较复杂。对于非上市公司而言，新三板挂牌等退出渠道也存在诸多问题。参与此次债转股的大多数公司资质较差，难以上市，部分退出方法很难在这些企业中应用。例如，在债转优先股模型中，上市公司若想发行优先股，必须满足在最近的三年内持续盈利等条件，而这些条件对于部分企业来说过于严苛。

2. 回购的可实现性会影响转股企业股权退出

对于非上市公司而言，回购是一种相对容易的退出方法，但是计划的资本回购的可实现性在很大程度上取决于公司的运营环境、回购资金与退出周期。在当前债转股模型中，执行机构选择集团公司旗下较高质量的子公司进行增资入股，当满足一定条件后集团公司会进行回购，保证执行机构的股权退出。在股权回购过程中通常需要大量的资金，因此回购流程仍存在风险性和不确定性，企业可采取利润积累、外部资金等方法解决资金问题。考虑到债转股企业的债务较多，盈利能力不足，因此这些企业无法通过将利润作为回购的资金来源来实现公司的快速发展，而且转股后的情况未知，可能会受到各种等因素的影响，增加利润回购股权的复杂性。

3. 对外转让周期较长，股权退出不顺畅

转股对象为非上市企业时，投资者的股权转移意愿会受到其经营业绩的影

响。若债转股企业资质较差，且后续经营没有相应改善，投资者选择该企业的可能性就较小，而且股权受让也使价格具有了很大的不确定性。特别是拥有相对固定股东的有限责任公司，执行机构须自己寻找受让人，进一步延长股权退出周期。对上市公司而言，根据交易所现行的交易规则，债转股执行机构进行股权转让时须满足期限和数量的要求，此期间股票价格的波动会影响股权的平稳退出，延长股权的转移周期。例如，上市公司若采用定增方式购买执行机构所持股票，其发行价可以在董事会决议日确定，但锁定期内的股价波动会给执行机构造成损失，延长退出周期。再如，中国船舶重工股份有限公司于 2017 年 5 月 31 日起暂停交易并锁定定增价格，定向增发完成后，市场继续疲软，导致公司股价进一步下跌，在此期间因为连续 20 个交易日股价低于发行价，所以执行机构自动将锁定期从原来的 36 个月延长到 42 个月，导致股权退出面临很大的困难。

4. 债转优先股退出难度较大

2018 年初，国家发展和改革委员会、中国人民银行、财政部、中国银行业监督管理委员会、国务院国有资产监督管理委员会、中国证券监督管理委员会、中国保险监督管理委员会联合发布了《关于市场化银行债权转股权实施中有关具体政策问题的通知》，指出“允许以试点方式开展非上市非公众股份公司银行债权转为优先股”。虽然相关政策鼓励债转优先股交易，但是实际上由于以前仅仅只有上市公司和非上市公司是优先股的主要发行人，因此在国内市场上优先股的发行规模很小，而且由于优先股股息不能在税前抵扣，只能从净利润中支付股息，这变相加重了投资者的税收负担，降低了优先股的吸引力和市场活跃度。此外，优先股的标准化程度低，存在流动性风险。这些因素使债转股执行机构很难通过转让优先股的方式退出。

三、债转股退出机制不完善原因

1. 股权回购退出的制度基础不完善

首先，回购过程中存在的限制会影响回购的实施。另外，公司法规定，股份有限公司在赎回股票时若不经由股东大会决议，股权赎回将失效。由于债转股执行机构通常只持有小部分公司股份，很难依靠自身能力让股东大会形成回购决议，因此即使股票回购条款包含在债转股协议中，最终可能无法实现。其次，“明股实债”交易结构的法律关系存在风险。早期以市场为导向的债转股交易多

采用“明股实债”模式，这种“股权投资+固定收益”的交易结构具有股权和债权的双重属性，发生纠纷时无法确定其法律关系。另外，在股票回购过程中，该交易结构股权投资逻辑的缺乏会导致更多新问题出现。当债转股后的公司进行破产清算时，交易架构的股权特征可能会被定义为股权投资，执行机构可能会面临更多风险。

2. 上市公司股权转让监管约束较多

在当前市场背景下，上市退出仍存在很多障碍。首先，上市退出的交易规则受限。上市公司的股权交易受我国现行资本市场和交易所规则的约束，其挂牌和退市手续复杂。例如，那些持有即将上市公司股份的股东在股权转移上有一个锁定期；上市公司发行股票时，资产的购买和上市也存在锁定期；转股企业完成上市后，债转股执行机构拥有的股份面临着销售期限和数量限制。当前的规则对以市场为导向的债转股没有特殊规定，对在交易所上市的债转股的非公开发行股票也没有相关政策。此外，具有上市公司平台的债转股企业不能及时地转让债转股执行机构所持有的股份。当持股比例超过5%时，减持时间和可减持股数将受到更严重的限制。交易所进行的交易无法满足执行机构及时、有效地转移股权的需求。根据相关规则，若债转股执行机构接受转让上市公司超过5%的股份成为大股东，则这些股份在六个月内不得转让。其次，监管要求不断提高。中国证券监督管理委员没有放宽市场化债转股的相关规定，特别关注交易结构中“明股实债”的情况，严格把控利用上市公司平台定增退出的要求。例如，2018年安徽雷鸣科化有限责任公司发行股份申请购买资产时，中国证券监督管理委员会在前期的转型发展基金会上以“明股实债”向子公司杨柳煤业的增资（此事项发生于淮矿集团的市场化债转股过程中）提出问询，直到公司清除了“明股实债”的份额才过会。

3. 新三板、区域股权交易所发展尚不成熟

由于市场流动性较差，价格发现功能较弱，新三板和当地股权交易所挂牌交易的优势无法显现。本轮以市场为导向的债转股的主要目标是煤炭、钢铁等行业的国有企业。这些企业有悖于新三板高增长和高科技公司的定位，故很难通过新三板挂牌退出。另外，新三板投资者的门槛较高，参与二级市场交易的投资者数量较少，市场活跃度低，流动性差，因此债转股股权很难借助新三板实现退出。此外，现行法规规定，若企业自有限责任公司改制为股份有限公司，并且从改制

到新三板挂牌少于一年的时间，那么其债转股股东不得转让其作为发起人所持有的股份，股权难以及时退出。地方产权交易所也可以实现债转股企业的股权转让，但其进行股权交易的主要目的是减持，交易所涉及的大多数对象公司业绩不佳，发展前景不明朗，导致这些交易市场不够活跃。

4. 股权转让受让主体活跃度不高

当前，在债转股股权处置上，社会资本的介入仍存在一些障碍，公司股权转让缺乏动力，股权交易和流通困难重重。首先，在这一轮以市场为导向的债转股交易中，大多数是国有企业，国有股权的转移造成了国有资产的流失问题，在真正实行的过程中面临很多约束。例如，即便上市后允许股权打折，但企业担心在实际操作中折价会被定义为国有资产流失，因此他们在将股权转移给外国公司和私人公司时会更加谨慎，积极性也会受到影响。其次，国有股权通常很难完成转移，因为存在渠道不流畅、定价机制不完善等问题。最后，资金约束着社会资本方购买债转股股权的行为。由于中小型民营企业融资来源较少，渠道狭窄，故债转股的主要力量为大型国有企业（据《中国金融稳定报告（2019）》统计，债转股项目的平均资金需求超过 50 亿元），大量资金需求导致我国缺乏匹配的机构投资者，转让市场活跃度较低。

5. 企业经营业绩限制股权回购

通过分析已与金融资产管理公司或其他第三方执行机构签署股权回购协议的债转股企业可知，企业经营业绩对股权回购具有一定影响。对上市公司而言，回购协议的实现不是问题，因为条款是股票回购的最主要形式，而二级市场交易是主要退出方式。对非上市公司而言，通常必须担心的是能否如期回购股权，这增加了公司的经营业绩压力。一方面，在经济新常态背景下，企业投资回报率的提高存在困难，若债转股计划没有改善企业的实际经营问题，不能提高经营绩效，那么用股权回购方式退出并不会削弱银行的债权损失。另一方面，股票回购存在政策限制和法律风险，公司法对股份公司股份回购持“原则禁止、例外允许”态度，回购资金须从“税后利润”中列支，执行机构受到持股比例、公司经营业绩等因素的限制，在这种情况下，无疑加大了股份回购的难度。

6. 配套服务体系影响股权退出

以市场为导向的股权退出必须辅以相对完善的配套服务措施与服务体系，如法律制度、中介服务等。但是，在当前情况下，配套服务措施与服务体系仍然有

待改进。第一，债转股的资本退出过程存在一些与现有法律法规相悖之处。例如，债转股中的债务重组事项仍需合适的法规保驾护航，证券市场中的信息披露缺少及时性、充分性、完整性和客观性。第二，债转股股权退出需要借助专业的中介机构，如会计师事务所、资产评估机构和信用评级机构等。但是，我国的中介机构也存在一些问题，如规范不足、人才配置不均等。此外，金融工具影响着股权退出方法的多样化和灵活性，因此与债转股有关的金融创新能力亟待提高。

四、债转股退出机制的完善措施

1. 加快发展资本市场，拓宽股权退出渠道

一个国家资本市场的繁荣程度在某种程度上决定了债转股的退出方式。在当前经济环境下，我们须做到以下几点：首先是保留企业传统的股权退出渠道（如回购），确定企业回购相关条件与期限，稳定债权人的投资情绪，使债权人对企业有稳定向好的预期。其次是加快建设多层次资本市场，孕育更多的股权退出方式，着重发挥新三板和区域股权交易所的优势，通过股权交易市场促进债转股完成后成功转型的非上市企业实现股权退出。再次是建立完善优先股的流通转移机制。在股权退出变现的过程中，培养基于市场定价机制的参与者。当优先股缺乏法律和政策支撑时，可以借鉴美国挽救 AIG 时，先将优先股转换为普通股，再通过市场退出普通股的做法。最后是积极引导私募股权基金、保险基金、公司基金等其他社会资本和专业投资公司积极参与股权交易，从而拓宽二级市场上的运营资金来源。此外，还可以将股权出售给风投或创投机构以实现退出，因为该种“投贷联动”模式可以为科技型企业提供一定支持，通过企业上市的方式来转移资本。加强对初级市场的监督，严格防止“僵尸企业”“僵尸股权”上市，从而大大提高对二级市场的责任感，并最大限度提升防止二级市场波动的能力。因此，我们需要完善初级市场中公司的上市标准，并使用公平、客观的指标来衡量和进一步筛选经过债转股操作后的企业，这样在二级市场上分散了股权的公司也将拥有良好的市场前景与创新能力。与此同时，必须持续规范二级市场，避免发生道德风险，指导和规范交易者的交易行为，避免过度投机行为。

2. 完善相关法律法规，形成最后的防护网

迄今为止，我国还没有完备的关于偿还债务的法律，因此在偿还债务，特别是公司债务方面，我国还存在很大的监管缺陷。资产管理公司接管了银行的不良

资产，成为企业的债权人，但是无论资产管理公司怎样发展，其结局只能是金融中介机构。这些机构只能在金融领域开展业务，缺乏保护和行使债权的权利，也没有相关法律可以参考或者指导，因此资产管理公司在监管高负债公司方面能力非常有限。如果企业逃债，资产管理公司将陷入困境。在此基础上，我们必须继续完善相关法律，明确资产管理公司处置资产的权利，确保企业破产法保护债权人的权利。完善现行的法律法规，优化顶层体系结构，确保合法、合理、高效推进债转股。迄今为止，债转股的执行方法、执行条件、转股要求和其他结构性内容逐步在政策和规则中落实，但这与现行的公司法、商业银行法和其他相关规定中的某些地方"相矛盾"，如资金来源和股权回购决议等。从短期来看，应当在充分考虑现行法律法规的基础上设计债转股股权的退出方法，以确保股权退出方法的合法性与兼容性。从长远来看，应当进一步完善和修订相关法律法规。例如，在商业银行法、企业法中设置例外条款，出台关于妥善处理股权退出中的资金、决策等问题的相关政策。与此同时，地方政府应发挥辅助作用，贯彻落实执行细则，确保相关政策的落地和债转股工作的平稳推进。

3. 扭转企业经营格局，奠定股权退出基础

企业生产经营的效率是股权有效退出的基础和保证，在确定债转股对象时要遵循全面谨慎原则，深入调查了解企业业务发展现状。第一，严格按照《关于市场化银行债权转股权的指导意见》中"高负债、大企业、强周期"的要求和标准，选择相关行业及企业，同时在债转股企业数量和比例上严格把关。第二，加强以市场为导向的债转股的可行性与针对性，为不同的行业和公司制定相应的切实可行的债转股计划和方案，不断提升企业的经营能力和业绩水平。与此同时，要提高信息透明度，鼓励第三方执行机构了解业务运营的真实状况，促进企业业务机制的转换并确保业务效率。第三，有关政府部门和其他监管者必须权衡和协调各方利益，确保相关政策和措施符合债转股交易的市场规则，严格控制债转股实施过程中的风险。

4. 大力发展人才市场

以市场为导向的债转股交易的退出阶段涉及广泛的领域和具有挑战性的工作，不仅包括企业经营管理、兼并重组、破产清算等，还包括股票上市、融资定价及相关的法律知识等。因此，为了保证退出机制的完善性，有必要不断加强人才队伍建设，着重培养跨学科、跨领域和具有实践经验的多维复合型人才。一方

面，积极维护与高校的关系，对口培育，直接输送；另一方面，向从事相关行业的企业人员提供再就业培训。这些工作人员已经具有业务培训经验，可以对他们进行专业知识的重新扩展培训，如可以在企业管理和法律方面对资产管理公司的员工进行再培训，以积累有关企业管理和破产清算的知识。

5. 完善配套服务体系，优化股权退出环境

债转股退出过程十分复杂，并非单纯的“企业对机构”的行为。此外，这个过程还需要一系列配套服务系统的支持，如政府的配合力度，相关政策与市场的匹配程度，中介机构的专业知识能力、执行力及金融创新的能力等。因此，首先要划分好政府和市场的对应职能，辅助债转股的退出过程，不断提高资产处置和股权退出的执行效率。在这一轮以市场为导向的债转股交易中，市场主体至关重要，但不可否认的是，政府在宏观指导和政策支持方面也发挥了重要作用。其次要完善中介体系，确保配套服务的便利性。一方面，需要提高中介机构（如会计师事务所、资产评估机构和信用评级机构）的专业性和规范性，提高行业门槛和从业要求。同时，为债转股工作专门设置相应岗位，以确保业务推进的合法性、专业性和顺畅性，以及所提供信息、服务的公正性和客观性。另一方面，要加强金融创新，研发和设计配套金融产品和服务以进行股权退出，深化当前资本市场功能以适应现代金融服务体系，进而引入更多样、更灵活的股权退出方式。

第七章　市场化债转股的实施风险分析

第一节　市场化债转股的实施风险类型

一、基于市场化债转股的实施风险类型研究

1. 金融风险

“明股实债”操作模式已经完全背离了债转股政策的设计初衷。综观现有的已经公开的众多债转股设计项目，其中一部分仍保留着“明股实债”的本质。例如，计划实施债转股的企业与银行拟定有偿实施债转股等协议，未来银行可以依照协议内容得到一笔商定收益；银行在签订债转股协议时，设定一系列如债转股企业承诺在未来约定时间内对股票进行回购等条款。这种具有“明股实债”本质的债转股行为仅将银行和债转股企业的风险进行了转移，背离了债转股行为去杠杆、降杠杆的初衷。其可能产生的风险：一是实施债转股的企业其债权和股权在法律定义上的边界变得模糊，一旦未来引发纠纷，在划分交易性质时容易产生分歧；二是这种“明股实债”的转股行为虽然使企业在账面上降低了财务杠杆水平，但实际上其背负了更沉重的负担。企业从银行获得贷款的利息可以在其经营成本中进行抵扣，抵消企业部分利润，达到合理避税的目的。企业实施债转股后，需先缴纳税款再支付利息，缴税金额的提高会间接导致企业面临更大的财务压力。

这种“明股实债”的协议若将企业的正常类贷款作为主要转股债权，则无法起到化解企业财务风险的目的。目前，大部分实施债转股的银行愿意转为股权的债权大多数为正常贷款或关注类贷款，其主要原因在于：一是债转股项目中的各参与者在敲定债权价格方面较难形成统一意见，但是若选择正常类贷款或关注类贷款，则可以将企业债权按照 1∶1 的比例完全转换为等价股权，从而避免这种债权定价发生分歧的情况；二是如果在这一过程中出现债权低价转为股权的情况，参与者会在债权的估值方面产生争议，参与者都不希望由自己来承担低价转股的损失。尽管银行在这一过程中可以通过将部分正常贷款或关注类贷款转为股权来帮助企业降低资产负债率，化解风险，渡过难关，但在这种情况下债转股化解企业风险的效果会大打折扣。

2. 财务风险

（1）债务风险。

财务杠杆系数是评价企业财务风险的重要指标，假若企业负债减少且总资产保持不变，则资产负债率将随之下降，相应地，财务杠杆系数也会变小，企业账面上的清偿债务压力会减轻，股本金收益将得到提升，内部股权体系与治理水平将变得更为完善和多样化。但是，资本结构仍然有可能引发企业的财务风险，此时若其内部经营水平未能得到提高，经营效果未能得到改善，那么企业仍然会再次陷入债务泥潭，而且此时的高资产负债率会使企业面临比之前更为沉重的财务负担。除此之外，企业实施债转股不仅能缓解其债务压力，还能收获债务重组所产生的利益，但这个进程也会对企业产生消极影响，即企业为了追求账面数字的漂亮，忽视其自身实际的经营水平与内部治理水平，导致企业再次面临财务危机。

（2）资金风险。

银行若无法按期收回贷款资金，则会产生一定损失。在银行将债权转换为股权这一过程中，有时出于债权违约概率大或违约企业偿付能力低下等原因，银行会将违约贷款低价打包给其他机构处理，当然这一过程所造成的损失大部分也由银行来承受，银行低价转让债权意味着其主动放弃了债权在未来转化为企业股权后可能产生的潜在收益。银行转让不良债权不仅会在短期内降低银行的不良资产，还会提高银行资产的流动性，但可能会对银行造成效益降低的负面影响。除此之外，在打包处理不良贷款的过程中，银行还要付出一定的资本支出，这会加重其自身的经营负担，对未来经营发展产生一定影响。

（3）效益风险。

银行将所持有的不良债权转让之后，企业暴露出巨大的财务风险，银行与股东共同根据企业的实际情况对转股方式进行研究，但最终都会以重整企业债权的形式来具体实施债转股工作。这是因为未来债转股工作结束后债权人会转变为企业股东的身份，身份的转变预示着若日后企业没有成功改善经营局面、创造盈利，那么股东的身份无法使机构像债权人一样较快回收资本。未盈利的局面意味着拥有企业股东身份的机构无法从股票中得到收益，实施机构在自身经营效益方面的能力会大打折扣。此外，退出机制的不健全会导致实施机构取得一定收益后，不能预期实现股权退出，从而被迫持有企业股票的情况，这势必会给机构带来一定的财务风险。

3. 法律风险

（1）企业道德风险。

企业选择债转股作为破产重组的实施方式，这一行为具有两面性：第一，企业存在利用实施债转股故意拖延兑付违约债务的概率。债权人无法及时、准确地获知企业情况，企业作为债务人为达到维护自身利益的目的，对债权人故意隐瞒相关重要信息，做出不利行为损害债权人利益，从而在其中获取利益。第二，企业希望通过实施债转股来降低自身债务压力，改善自身资产负债结构。出于这一目的，企业作为债务人其所积累的道德风险不仅会严重损害债权人的合法权益，还可能严重干扰市场经济秩序，对市场整体的信用体系构建和金融秩序环境造成较大的冲击。

（2）“明股实债”虚化转股方式，降低债转股企业杠杆率。

优化资产负债端结构是企业实施债转股的主要目的之一，可助力企业重整、轻装上阵募集资金。采用“明股实债”的方式实施债转股，债权本身的性质并未发生改变，仅会计账簿的资产负债数据有所改变。通常实施债转股的企业会做出转股完成之后保证固定收益，且收益不与企业经营业绩相关联的承诺，这种名义上是股票、实际上是债务的转股行为起不到债转股的实际作用。尽管债转股企业在短期内可达到降低资产负债率和财务杠杆率的目的，但从长远角度来看这种名存实亡的债转股行为依然存在各种潜在的后期风险。

（3）股权管理风险。

企业债转股完成之后，债转股项目的实施机构立即成为企业的正式股东，并

依法享有作为企业股东的各项合法权利，同时实施机构也依法享有治理债转股企业的权利和重大经营决策的表决权。在实施债转股之前，企业的债权人并未参与过企业治理或经营决策等企业日常活动，债权人在通过债转股转变为企业股东后，这种身份的转变对企业的整体治理来说也是一次巨大的挑战。我国大部分企业目前直接融资的比例较高，债转股完成后债权人获得的企业股份较多，这种局面可能会完全改变债转股企业的实际经营权和实际控制权。如何平衡企业债转股前的原始股东与债转股后的股东之间的利益关系，对转股公司的治理结构来说也是一个艰巨的挑战。

（4）转股后的退出风险。

债转股后股权能否顺利退出的重点在于，能否使债转股企业的经营制度得到转变，达到有效整合经营资源的目的，进而实现提升债转股企业经营效益、扭亏为盈的最终目标。这并不代表实施机构在企业实施债转股之后都需在未来退出股权，股权顺利退出仅对具有退出想法的实施机构较为重要。当债转股企业进入破产重组阶段，特别是重整程序阶段时，往往会引发一系列的股权退出问题，这种问题并非一朝一夕产生。尽管企业自身资产负债结构在实施债转股后得到了优化，但债转股企业还需在源头上提升自身的实际经营水平。在市场化的股权退出机制下，企业提升经营质量、提升经营绩效的时间跨度较长，实施机构在股权退出时获得的投资收益与其拥有的股权价值在这一较长时间内会存在许多不确定性。

二、基于操作模式的风险类型研究

1.“先还债、后转股”模式的风险

先还债的意思是债转股实施机构先从银行处购买企业的债权，相当于代替企业偿付所欠银行的贷款；后转股的意思是还债之后债转股实施机构将购买的债权转换为企业的股权并持有。债转股政策于 2016 年 10 月推出后，国内五大商业银行先后成立了全资资产管理公司，通过资产管理公司这一第三方实施机构，专门代替银行实施债转股业务。该操作模式分为四个阶段，操作流程如图 7-1 所示。

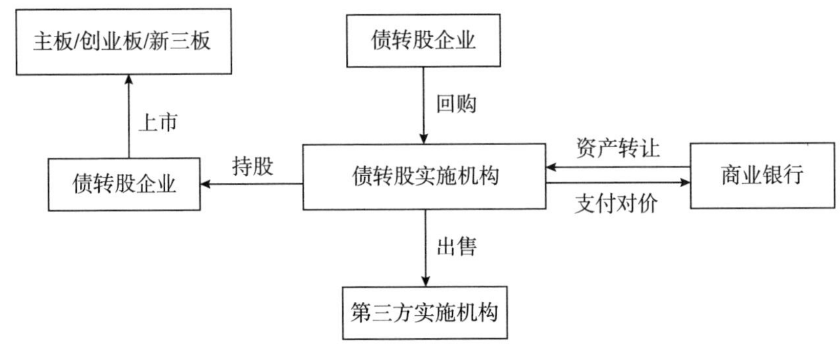

图 7-1 “先还债、后转股”模式结构

在目前已经落下帷幕的众多债转股项目中，大部分债转股项目并未采用这种模式进行债转股，其主要原因大致为大中型国企往往同时存在多位债权人，若决定实施债转股，通常会出现谈判周期长、成本高等弊端，债转股操作难度大，因此大部分银行参与该类型债转股的积极性不高。在该模式下，商业银行可能会面临以下两种风险：第一，如果第三方实施机构不是银行设立的全额注资子公司，那么在第一步银行转让所持有的企业债权阶段就很有可能承担债权折价转让的风险，给银行自身带来损失；第二，如果第三方实施机构是银行设立的资产管理公司，转让债权就等同于用自己的钱买自己的债权，这势必会导致自身日常运营面临更大的压力。

2. “入股还债”模式的风险

在这种操作模式下，实施机构先为债转股企业注资扩股，再利用这笔扩股资金代债转股企业向银行偿还债务，共同设立基金是该模式最主要也是被使用最多的一种操作方法。此模式交易结构如图 7-2 所示。

采用这种方式进行债转股的企业较多，如中国建设银行与山东能源、云锡集团及武钢集团进行债转股时均采用“入股还债”的操作模式。这种模式的关键在于，合约双方共同成立有限合伙基金来吸纳大量闲散资金，以减轻双方在资金方面的负担，但这样也可能会产生一些危机。首先，基金的设立初衷是合约双方计划将债转股这一过程中存在的不确定性风险转移出去，但有限合伙基金仅由银行暂为代持，且自身也隐藏着巨大的风险，而且社会资金的使用成本也比较高，若不能实现基金承诺投资者的预期收益，基金面临的刚性兑付风险将会大大增

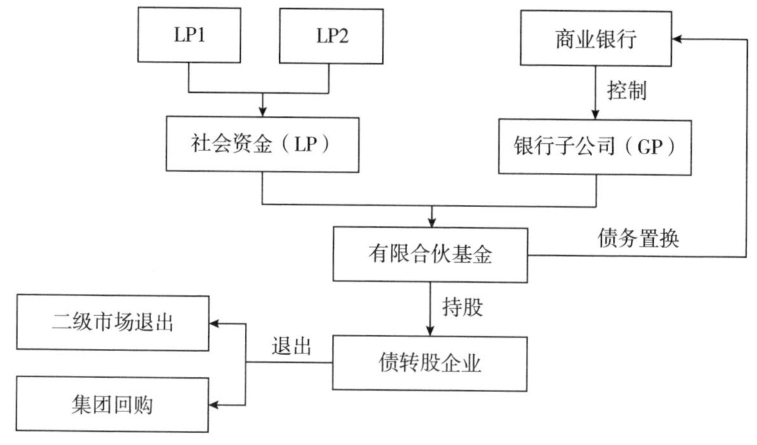

图 7-2　"入股还债"模式交易结构

加，进而导致银行自身声誉受到较大影响；其次，这种"入股还债"模式下的债转股的另一个潜在风险是，这种基金模式本身就具有较强的创新性和典型的市场化特点。各种类型的基金投资者对企业的产权、股票流通等行为有较高的热情与关注度，是这种有限合伙基金最终能够实现成立目的并顺利退出的一项重要的隐性条件。基于现阶段我们的资本市场包容程度较低的现状，该模式下银行可能会在共同基金的发行、退出等环节面临较大阻力。除此之外，银行虽然可以借助该有限合伙基金来减轻一些资本负担，但是实施较大金额的项目时仍可能大量占用银行自身的资本金，这对银行资金链也是一个不小的挑战。

3. "可转债"模式和"优先股"模式的风险

在"入股还债"操作模式下，银行一般会在实施债转股项目时先把债权转化为可转股债权，这会为银行带来一段资本缓冲的时间，因此银行利用这个特点先将债权转化为可转债后，再对企业实施债转股行为。中钢集团采用该模式成功实施债转股，目前该模式研发升级空间较大，其一方面可以降低银行的资产风险权重，弱化对银行资本充足率的影响与冲击；另一方面可以使银行在较短时间内留存债权产生的利息收益。除此之外，若银行直接将对企业持有的债权转换成企业股份，则会导致自身资本占用时间增加，而该模式能够将这个时间向后推迟。但是，该模式也存在缺陷：银行将债权转化为企业的可转债后，企业的贷款本质上仍以一种债务的形式存在，对企业的债务压力并没有起到实际的缓解作用，同时银行在运用资产的效率方面也并未真正提升。

相比之下，“优先股”模式下的实施流程更加多样化，银行从企业债权人转变为企业优先股股东后，在企业利益分配和破产清算时享受优先分配权和偿还权，但银行在参与企业经营决策和日常管理等活动中会受到普通股东和债权人之间的权利限制。该模式的操作流程与前两种流程类似，仅在银行最终持有的企业股票种类上有所不同。从银行的角度出发，企业的优先股股东比普通股东拥有更靠前的受偿顺序与更小的权益损失风险。该模式能明显降低企业因经营问题所导致的作为股东的银行其利益受到损失的风险，但同时也存在作为企业优先股股东的银行无法完全参与企业的经营决策，从而无法在实施债转股之后对企业的管理决策产生影响。

4. “两步走”操作模式的风险

在“两步走”模式下，企业进行市场化债转股会面临无法对企业股票进行正确定价的风险。确定股票最终的发行价格属于企业内部规划、讨论的重大事项，直至确定定价基准日（企业董事会决议公告日），在此之前企业的股票一直处于停牌状态，因此企业实际的定价基准日其实是其股票停牌的上一个交易日。然而，在该交易日当天可能会出现企业内部泄露消息导致其股价水平波动异常的状况，致使企业股票的发行价格与其实际市场价格产生较大差异，此时企业或投资者其中一方的利益必然会遭受损失。除该风险之外，企业股票确定发行价格并成功发行之后，其股票价格可能会因债转股的实施导致向市场释放的消息产生异常波动。

三、基于参与主体视角的风险类型研究

商业银行等参与主体是市场化债转股的风险承担主体。债转股的实施意味着商业银行或其他参与主体在未来将会从债权人的角色转变为股东，甚至会成为企业的长期股东，这将会给商业银行未来进行资金回收、套现等带来不确定性。一旦市场上的参与各方不能妥善处理这一关系，或是企业在经营管理方面的能力依旧未得到本质上的提升，债转股企业就会产生道德风险和信用风险，还会给商业银行带来经营风险。

1. 商业银行和资产管理公司的管理与经营风险

商业银行所拥有的企业债权将会转换为股权，其会成为债转股企业的股东，

身份的转变需要商业银行积极参与到债转股企业的经营与管理决策之中。银行对债转股企业进行有效的股权管理和实体运营时都会存在一定的风险。目前，陕西省的市场化债转股工作已经开始，涉及煤炭、能源、有色金属和电子信息技术等行业，后续还会陆续涉及更多其他行业。在商业银行和其资产管理子公司进驻企业的股东大会之后，商业银行可能需要对企业的公司章程进行修改，从而参与企业的经营决策。然而，我国的商业银行并没有丰富的股权投资与企业管理经验，而且这些行业还与商业银行擅长的金融业务相去甚远，因此在合理处置这些不良债权的过程中如何管理和控制经营风险显得尤为重要。

2. 商业银行的流动性风险

因为商业银行的经营特点主要是吸收存款并进行信贷投放，所以其在资金运用方面有着严格的期限匹配要求。由于股权投资的还款额度与期限均得不到保证，银行在资金链与流动性风险管理方面面临着巨大压力，因此《中华人民共和国商业银行法》规定商业银行不得直接向非银行金融机构及工商企业进行投资。当商业银行将所拥有的企业债权转换为股权后，商业银行在资产端和负债端的期限错配会被放大，如果债转股规模庞大，则有可能引起商业银行自身的流动性风险。

3. 债转股对象企业的道德风险

目前，部分企业对市场化债转股的政策认识不够充分，认为我国依旧会对企业债务进行兜底，因此产生依赖心理甚至投机心理。实际上，企业债转股后的经营状况并未得到好转，只是将商业银行难以收回的不良债务转换为亏损的不良股权。另外，一些未进行债转股的企业也可能会产生攀比心理，原本经营良好的企业由于无法享受债转股的政策红利而产生负面心理，最终导致企业努力经营的积极性大打折扣，甚至出现恶意拖欠债务的行为。本应该破产倒闭的企业，通过对财务和经营状况进行包装，满足了市场化债转股的要求，为后期企业经营带来了更大的风险。随着市场化债转股工作的推进，陕西省未来进行市场化债转股的企业会越来越多，债转股整体规模会不断扩大，进行市场化债转股的企业可能存在的道德风险问题也会日益凸显。

4. 债转股对象企业的信用风险

债转股对象企业的信用风险是指市场化债转股之后，由于企业未完全履行契约中所指定的责任而可能给交易对手造成收益损失的风险。这种信用风险主要源自两个方面：一是企业内生的违约动机，即企业因为自身经营不善，债转股之后未能有效提升自身的发展状况，导致不能如约按期分配股权收益；二是企业外生的违约风险动机，我国当前签约完成的债转股项目涉及煤炭、钢铁、有色金属、能源和电子信息等行业，这些行业是受市场需求和原材料价格等因素影响较大的行业，虽然目前这些行业的市场前景比较乐观，但以后可能会出现环保要求更加严格、上市新的可替代产品等情况，那时债转股企业的信用风险就会显现出来。

5. 宏观经济的金融风险

陷入债务困境的企业如果不能充分甄别，原本应该进行破产清算的危机企业进行债转股后就有条件继续通过增加杠杆来维持运营，特别是一些濒临破产、倒闭的企业，通过债转股延续经营，继而形成资金黑洞，造成社会资源的错配和浪费。这样的结果与我国供给侧结构性改革的目标严重背离，将进一步扭曲我国目前的宏观经济结构。那些经营良好的企业因为不符合此次债转股的条件，依旧要向银行偿还债务利息，而那些经营状况较差的企业可以通过债转股来抵消对银行的债务负担。企业间这种不平衡的发展环境如果不加以改善，很容易导致市场上的优质商品和产业遭受排挤，出现类似于“劣币驱逐良币”的现象。此外，债转股并没有消除银行的资产风险，仅是将银行短期的债权信用风险转换为中长期的股权投资风险，大量风险被转移至银行内部，引发系统性金融风险，破坏金融体系的稳定。

四、基于行业视角的风险类型研究

1. 综合行业

所有参与市场化债转股的行业都会存在风险，这些风险大体上可以概括为以下五点：

第一，曲解政策指向的风险。如果债转股政策最初的指导思想不是去解决企业的深层问题，而是把企业的账本做得更好看，那么必然会把账本数字的完善当成企业的一种“解困”方式，资产管理公司也会被当成推进这种解困游戏的工具。

第二，出现债权和股权双双损失的风险。将债权人持有的企业债权转换为企业股权后，债权人将失去对企业不良债务继续追偿的权利，但是，债权人转变为

企业股东后将承担企业经营亏损对自身利益造成的损失，还有可能面临企业因经营不善而无法支付股票红利或企业最终破产对资本金造成损失的风险。企业无论何时都必须向债权人支付债务本息，但债权人作为企业股东，企业若没有盈利，股东则无法获得股票红利。在企业预期投资收益良好但缺乏资金的情况下，企业会选择接受需要还本付息的借贷型资金投资，一旦投资失败导致财务陷入困境，实施债转股便能够将企业投资失利所造成的损失进行转移，为企业缓解债务压力。另外，债转股还可能给企业带来免除债务之后获得无偿享用股权资本金的好处，但这可能会导致国有资产的债权权益和股权权益双双受到损失。

第三，可能会引发道德风险，出现“赖账经济”。债转股项目在实施过程中有三种道德风险：一是企业恶意拖欠债务，将原本可偿还的贷款转化为投资，转化为投资后依然未改善经营困境，导致银行所持股份的价值下降；二是银行为获得更多的新增贷款额度而降低不良资产比率，进而把一些质量较高的资产或收回可能性较高的不良贷款转换成股权，而不是将那些真正需要转股的贷款转换为股权；三是当债转股企业在地方政府的帮助下成功将不良债务转换为债权人持有的企业股权后，如果银行在未来就持有的转股企业的股权与该企业产生纠纷时，银行的合法权益可能无法得到有效保护。

第四，市场上存在“劣币驱逐良币”的现象。债转股的初衷是贯彻落实“三去一降一补”政策，即去产能、去库存、去杠杆、降成本、补短板。一些企业在完成债转股后即可获得作为企业股东的商业银行提供的追加融资服务，这能够解决企业眼下的发展困境，但从长远角度看不利于企业在产业结构方面进行转型升级。此外，一些经营状况良好、发展潜力较大的优秀企业如若不符合此次债转股的条件，它们仍然要向银行偿还贷款利息，经营状况较差的企业则可借助债转股消除其应承担的银行债务。市场上企业之间的发展条件出现不均，若不加以平衡很可能会出现“劣币驱逐良币”的现象。

第五，债转股操作面临的风险在以下问题中可能会出现。①如何合理确定不良债权的价值。目前，各资产管理公司都是按照不良债权的账面价值购入的，然而实际上企业债权的不良程度是有差别的，资产管理公司在购入银行的这些债权时面临着如何确定这些不良资产价值的问题。②关于资产管理公司接手不良资产后如何安全退出并将之转变为股权，如何经营盘活这些不良债权，以及以何种方式在盘活这些债权后安全退出，目前还存在多种不确定性因素。③如何选择可以进行债转股的对象企业。目前，政府部门发布的相关政策缺乏定量的标准，因此企业认定是否债转股时必然存在较大的主观性和灵活性，各企业很容易形成一哄而上的局面，不利于银行债转股工作的开展。

2. 重点行业

上述五点内容是针对市场上所有债转股参与主体而言的，目前已经完成或正在实施债转股的企业所处行业不同，各自面临的风险也不同。

第一，钢铁行业。从目前已落地的债转股项目当中筛选出钢铁行业的案例，可以总结出我国钢铁行业目前存在的一些潜在风险：①钢铁行业的企业在实施债转股时仍具有一定局限，虽然目前钢铁行业整体已经渐渐显露出亏损的情况，但大多数企业依然没有急迫感，并没有对产能升级换代表现出较高的积极性，依然在坚持传统经营模式。在这样的行业大环境中，本该出局的企业反而可以通过债转股继续苦苦支撑，导致市场上供给大于需求的局面无法得到有效缓解。②钢铁、煤炭行业的未来发展趋势决定了这类企业不适合实施过多的债转股项目。导致该行业处于发展逆境的原因包括：一是目前我国宏观经济整体处于经济周期性循环的底部；二是钢铁、煤炭这类大型企业存在企业结构过于庞大、办公流程烦琐、生产运营效率较低等一系列现实问题。但是，最根本的原因还是目前钢铁行业已度过了黄金发展期，正在逐步走向缓慢增长甚至减产发展的暮年时期。③债转股的实施仅挽救了企业的债务危机，并不能有效处理企业下岗人员的妥善安排问题。债转股作为资本运作和管理的一种模式，其本身并不为企业创造额外的就业岗位。目前，钢铁行业的一大难题是如何妥善安置大量的下岗职工，债转股的实施显然对解决这一问题没有太大帮助。如果不能从根本上解决下岗职工的安置问题，钢铁行业的重新崛起就无从谈起。

第二，有色金属行业。首先，目前大部分有色金属企业，尤其是国有企业依然存在机构繁杂、中间部门过多的问题，债转股之后如果不能及时调整管理结构，企业未来的发展便不会有本质的转变；其次，有色金属行业生产成本高，企业竞争力低，这会加剧企业的杠杆问题，债转股只是暂时解决了资金短缺的问题，不能让企业提升自己的竞争力；最后，有色金属市场需求的萎缩不是债转股能根本解决的。有色金属行业的出口结构性矛盾突出，想让有色金属行业彻底“脱贫”，除了注资，行业的结构调整更为重要。

第三，电子信息业。电子信息业不同于上述的传统工业，它作为新兴产业也面临着发展困境。首先，资本和技术密集型核心基础工业的投资回报率比较低。电子信息行业尤其是处于转型升级阶段的电子信息业具有技术门槛较高、资本回报率较低、回报周期较长、投资金额较大等特点。对电子信息行业的企业来说，新投资的项目社会融资困难的原因之一往往是企业已背负的巨大的资金压力。周期较长的新建项目在实施债转股之后能否顺利进入盈利阶段尚不可知。其次，企业的技术创新能力不足。我国长期依赖加工型贸易的发展方式严重阻碍了电子信息行业自主创新能力的提高。尽管我国近几年一直致力于对电子信息行业进行产业结构的调整与升级，但目前电子信息行业的技术创新能力依然较为薄弱。我国在国际电子信息行业技术快速发展、更新换代迅速的大背景下，如何凭借债转股快速提升行业创新能力依然是一个难题。最后，新兴的交叉领域发展进度缓慢。先进的计算机技术和优秀的通信服务水平能够带动相关产业服务质量的提高，这将有力推动我国经济快速发展。由于技术、人才和设备等因素的限制和产业技术的起步时间较晚，我国在电子医疗产品和产业等新兴交叉领域的核心技术上始终处于追赶状态。电子信息行业的企业债转股后仍需要在各自专业领域大力发展，使企业脱胎换骨，从而迈上可持续发展的长远轨道。

第二节　市场化债转股实施的风险控制

供给侧结构性改革服务的市场化债转股从根本上来讲是一种以企业未来的发展前途换取企业目前发展空间的一种解决手段。企业在把握未来发展前途和近期发展目标的均衡点时应更为慎重，不要指望借助债转股解决近期的债务危机，要把未来的发展规划加入债转股实施的具体目标中，在设计具体的方案时要充分考虑国家有关大型企业降低财务杠杆等政策指导思想，将债转股作为落实我国供给侧结构性改革的一种重要方法。在具体实施时要时刻关注各种潜在风险并提供完善的应对机制，必须全面贯彻顶层设计、防控风险的核心思想，稳扎稳打推进市场化债转股工作的全面进行。

一、针对金融风险、财务风险、法律风险的防控措施

1. 针对金融风险的防控措施

第一，银行要严格制定参与债转股的对象企业的筛选条件和标准。谨慎选择对象企业，合理评估项目的可行性与风险，确定合适的转股比例，并在债转股之后做好对对象企业的动态持续追踪，合理控制风险并准备好应对方案。

第二，监管部门要对“明股实债”模式加强监管。积极引导各参与主体科学制定转股模式，对银行或机构充分行使转股后的股东权利给予支持，支持银行或机构积极参与转股企业的公司治理，推动混合所有制改革。

第三，研究并确定债转股项目的风险承担机制和定价机制。已签约的债转股项目以正常贷款为主，主要是因为实施机构和债转股企业在正常贷款的定价方面更容易达成共识，而且参与双方都不愿承担损失，所以只有将交易过程中的风险承担机制和定价机制梳理清楚，才能将债转股降低风险的作用发挥出来。

2. 针对财务风险的防控措施

第一，提高企业财务监管水平。金融机构作为债转股企业的未来股东，在将债权转化为对企业的投资后，企业自身的收益存在不确定性。债转股后，对象企业的实际经营情况和机构的股份收益之间存在必然联系。一方面，银行或机构要对转股对象企业的财务运营情况加大管理力度，要结合债转股对象企业的现实情况，用科学的方法设定财务管理模式，同时要做好财务监督工作，防止企业再次遭遇财务风险；另一方面，用科学的方法合理地构建市场化退出体系，不但允许转股企业回购股份，而且资产管理公司也可以在资本市场上对股权进行转让，达到股权释放的目的，完善的退出机制可以有效防止银行或机构独自承担债转股企业可能面临的财务风险。

第二，准确合理地控制负债规模。债转股企业可以通过科学合理地控制自身负债规模来实现企业财务管理能力精准提升的目标。在企业日常财务工作中，财务风险的管理水平和企业资本结构有着密切联系，而资产负债率作为企业资本结构的重要部分，若能对负债和资产的占比进行科学安排，企业就会最大限度地达到预期收益，降低财务风险出现的可能性。尤其是对于选择债转股的企业而言，流动性比率越高，企业的短期偿债能力就越强，面临财务风险的可能性就越低。除此之外，企业需要全面提升自身的运营水平，从根本出发，致力于从最基础的

部分来升级企业管理框架，提高财务管理效率，搭建完善的科学管理体系。

第三，银行应成立下属资金管理部门。银行或金融机构可以通过内部制度，设立专业的内部资金管理机构，降低其在债权转换股权的过程中可能遭受的损失。假设银行把债权直接转让给另一家企业，银行可能会遇到债权质量不佳所导致的损失情况，此时需要银行自行承担债务折价所产生的损失。另外，若银行把债权直接转让给其他企业，则这个过程不属于债转股，银行将会失去对转股企业的股权收益，这对改善和优化银行或机构的财务管理状况具有阻碍作用。目前，在有关政策的指导下，银行可以成立下属资产管理机构或子公司，这样做不但能够减少债权转让带来的不良影响，而且银行还能掌控转股对象企业的股权情况，引导转股企业提升运营管理水平，将企业从以前的经营危机中解救出来，帮助其达到预期收益目标，提高企业的财务管理水平，加强企业规避风险的能力。

3. 针对法律风险的防控措施

第一，要加强企业在债转股过程中的信息披露质量。企业在启动债转股程序之后，不仅有依法对社会履行信息披露的义务，还有向债权人如实披露真实事件与信息的义务，但社会公众对这些事件和信息并不知晓。企业履行信息披露义务是其他债权人了解企业债转股进程的一个重要途径。有关部门通过制度化、体系化的途径完成企业披露制度的构建是很有必要的，对制度规则进行一系列的完善与改进刻不容缓。债转股作为企业的一项重要工作，更高标准的信息披露内容是企业必须履行的法定义务。企业需要将企业内部的债转股信息及时准确地向相关利益主体披露，打破信息壁垒，以便顺利完成债转股项目。同时，企业应向相关监管机构及时地报告相关信息，方便相关机构进行监管。

第二，重点关注企业治理人潜在的道德风险。首先，需要对其申请破产的行为和目的进行严格的审核调查，最大限度地减少在破产重组过程中破产管理人是债务人的情况下发生为己谋私、侵害债权人合法权益等道德事件的可能性。其次，当企业在破产重组过程中决定采用债转股的方式来实施破产计划时，无论是制定债转股方案的人、有方案表决权的人，还是决定方案最终是否实施的人，这一环节中的任何一方都应当对债转股企业的类型是否属于“三鼓励、四禁止”范围进行慎重研究与考察。破产企业禁止采用债转股的方式故意逃避、转移不良债务，禁止通过债转股的方式对债权人的合法利益进行恶意侵害。

第三，增加企业融资方式的种类，减少“明股实债”下的隐藏风险。债转股企业表面将债务转化成债权人投资企业的股权，实际上为了成功实施债转股，企业可能会与债权人签订如承诺未来固定收益等条款。在这种情况下，债转股的本质实际上是债转债，无法起到减轻企业财务负担的作用，这种问题根本上还是由企业重组环节中的融资难、融资贵等问题所致。重组的上市企业若符合政策的相关规定，可以尝试通过市场化的方式来筹集资金以进行债转股。银行或实施机构可以凭借其特殊的企业类型和较高的市场信誉，通过成立基金的方式向市场吸纳部分资金，以确保企业债转股工作的顺利实施。由债转股实施机构和银行设立的债转股专项基金在政策上可以获得支持，这些相关机构可以通过降准基金、企业基金或相关金融债券来筹措资金，最大限度地减少企业通过债转股进行重组时对资金的需求量，同时能通过多样化的资金来源，达到减少“明股实债”下的债转股行为可能带来的潜在风险。

第四，进一步完善企业内部的治理机制。企业重组是多方参与者的利益在冲突中逐步平衡调整的过程，只有重视企业重组过程中的利益协调问题，才能最大限度地处理好各参与主体之间的利益冲突问题。在债转股工作实施之前，企业遵循股东利益优先的原则，但当企业进入重组程序后，企业应更为重视并遵守《中华人民共和国企业破产法》的有关规定。企业在重组期间出台的相关制度，在原则上与正常时期股东权益至上的理念存在背离，这一阶段所制定的制度应向保护公众利益、维护社会公共利益的方向倾斜。

第五，建立有效且合理的退出机制。企业破产重组过程中的关键一环是债转股的实施机构或银行所持有的企业股权能否顺利退出。当实施机构或银行等参与企业债转股项目的相关主体在未来设有退出企业股权的预期时，企业与这些主体可以就未来股权退出时所需达到的退出条件或未来具体的股权退出方案等进行共同协商。目前，上市企业与非上市企业在成功实施债转股项目后的股权退出方式上存在差别。在上市企业成功实施债转股且不违背监管部门股票限售时期的相关规定的前提下，若实施机构所持有的股票触发先前与企业商定的股权退出条件，则可以将股票进行转让，以实现机构股权的顺利退出。企业在重组过程中若选择以债转股的方式进行，则其债转股方案必须涉及未来机构股权的退出方式，而且企业未来估值的提升空间、重组后企业股票的流动性与股权退出效率等问题需要企业特别关注，并在债转股方案中有所体现。

二、针对普遍性风险的防控措施

1. 设计合理机制，对银行和资管公司的运营管理风险进行防控

债转股的实施主体由于信息不匹配，无法充分行使监督权，导致转股企业仅考虑自身利益，不顾及或者不过多考虑金融机构的权益。企业在进行债转股之前，应该设计相应机制来消除信息不匹配带来的风险，进一步把控运营管理风险。一是债转股的实施机构应该加强对转股企业的监督；二是银行可以与对象企业事先明确相关条款，以达到对债转股企业转股后的行为进行约束的目的；三是关于债转股企业运营风险的问题，银行可以从私募股权机构对标的企业的管理方法中借鉴经验，完善商业银行管理债转股企业日常运营的工作方法。

2. 限制转股规模、完善退出机制，对商业银行的流动性风险进行严格防控

商业银行完成债转股后，长时间持有企业股份会对银行的日常经营造成不小的压力，因此需要合理限制债转股的总体规模。首先，银行在制定债转股方案时，不仅要从解决企业财务问题的角度出发，还要充分评估银行自身的实际情况。银行可以从内部的资产规模情况出发，合理控制债转股的总体规模，但要时刻关注宏观金融环境，并随时对债转股比例进行调整，避免最终因债转股规模超出自身承受能力而对银行造成影响。其次，要完善股权退出机制：一是允许企业在经营步入正轨后主动回购股权；二是建立合理的市场化退出机制，股权的顺利转让可以防止企业日后的风险向银行系统单方倾斜；三是灵活选择债转股的类型，商业银行可以将转股对象企业的债权转换为普通股股票，也可以转换为优先股股票，有时选择转换为优先股股权可能会对商业银行进行流动性管理产生正面效果。

3. 着眼长远目标，强化产权约束，防范债转股参与主体的道德风险

债转股正确发挥其结构性作用的关键在于，拥有明确、合理的范围并谨慎筛选对象企业。应选择产业转型升级符合国家经济结构调整的行业，在企业筛选上应倾向于那些发展前景良好、有足够能力在行业周期性波动中存活下来，甚至可能逆流而上的，但目前因债务危机或其他因素暂时陷入经营困境的优质企业，尤其是各个行业的几家龙头企业、新兴企业和有着高成长属性的企业。银行在债转股后要强化产权的约束性，对企业完善治理结构施以压力，巩固董事会和股东大会的权利，避免企业管理层未经授权擅自做出重大决策，对企业发生道德风险并

产生的损失进行有效防控。

4. 增强主体责任意识，防范债转股企业信用风险

参与债转股的企业需要提高降低杠杆的责任意识，充分把握市场化债转股的机会，多管齐下提高自我管理水平。一是在创新管理模式方面，努力降低企业综合运营成本，实现经营效益最优化、最大化；二是在优化企业负债端结构方面，鼓励采取创新性的资产证券化、融资租赁等融资方式，提高企业存量资产的活力，积极改善企业负债水平，加强对股权交易市场融资功能的利用，提高直接融资比重，特别是股权融资比重；三是在推动企业革新方面，建立并完善现代化的企业内部管理制度，提高内部监管水平，去除企业多余产能，处理空壳企业和僵尸企业，压缩企业管理层级，从根本上提升企业的核心竞争力和运转效率；四是在加强风险管理方面，企业在项目投资、资金管理上要做到审慎研究、科学决策、严格管理，拒绝企业盲目扩张，努力做到对每一个项目谨慎投资，对每一笔资金严格控制，提高风险防控水平。

5. 抓好关键环节，强化政府服务，防范宏观经济金融风险

在市场化债转股过程中，政府的侧重点要放在把握整体方向和政策支持上，为各参与主体做好交流对接工作，公平维护各方利益，政府不能插手债转股的具体实施工作，防止传递出“政府兜底”的错误引导。政府有必要重点排查各个产能严重溢出的传统行业中的一些落后企业，建立债转股黑名单，坚决拒绝名单上的企业进行债转股工作，将债转股的规模保持在可控范围内。同时，向发展状况良好，但不符合此次债转股要求的企业给予一些政策优惠或便利通道，增强企业的发展信心，调和企业间的矛盾。

三、针对重点行业的风险防控措施

1. 钢铁行业

首先，关于如何妥善处理下岗职工的分流安置问题，一方面可由中央政府或地方政府划拨专项资金，妥善安置下岗分流人员，并对资源枯竭地区的后续转型做好规划，给予这些企业特殊政策扶持，促使企业加速转产、转型，为更多分流人员提供新的就业岗位；另一方面钢铁企业的干部、职工要尽快改变观念，利用好政府的优惠政策和帮助，努力实现企业自身的转型升级，在行业逆流中不能坐以待毙，要努力寻求多样化的发展方向，实现华丽转身。

其次，钢铁行业进行债转股时，最大的风险在于部分企业的产能落后，因此企业自身应通过兼并重组、增设技术环保门槛等市场化手段，淘汰不符合生产要求的部门和企业，保留工业技术先进、产品对口市场需求的部门和企业，并坚决实施全面彻底的改造和改制。

最后，实施机构作为企业的债权人，在衡量企业债转股适用性时，要在充分考虑企业现状的基础上，多角度地对企业进行评价，达到实施标准的企业可进行债转股工作，坚决不为未达到实施标准的企业实施债转股。

2. 有色金属

首先，有色金属行业在进行债转股时最大的风险在于行业自身的结构臃肿，不利于债转股后企业的良性发展。企业本身应对行业目前的结构进行优化调整，摆脱机构层叠、效率低下的问题。

其次，有效降低企业的融资成本。资金作为企业的“鲜血”，具有强渗透力和高联动性的特点，能为企业逐步搭建出多元化、多层次、高效率的融资通道。目前的资本市场功能和品种太过单一，难以填补民营企业巨大的资金缺口。

最后，努力优化市场环境。政府在简化执政流程的过程中，更应注重市场的需求导向，将群众、企业和市场的满意度作为政府工作的出发点，从根本上提高简政放权的质量，疏通企业在发展过程中的阻塞之处。

3. 电子信息业

首先，通过多种措施聚集行业研发资源，国家要加大对电子信息行业在技术资金上的投入，通过税收政策优惠和通融资便利渠道，以及加强国际产业间合作，为电子信息业技术创新吸纳更多资金。

其次，产业发展方向要从产业链的整体角度出发进行统一布局。努力突破现阶段欧美发达国家掌控核心技术的局面，加大对技术创新的资金投入，努力实现电子信息行业在原材料及产业工艺方面的突破，加速对传统制造产业链的改进。

最后，加速推进产业技术标准体系的建设进程。在拓展产业链和产业空间的基础上，有计划地全面实施核心领域的技术标准体系建立工作，不仅要鼓励企业敢于创新，还要提高企业主动参与产业技术标准体系建立的积极性，打造产业资源整合、企业协同发展的共赢局面。

据实践了解，市场化债转股各参与方认为风险防控最重要的就是债转股对象企业的选择，只有在债转股的前端将风险控制好，才能有效避免各种风险的爆发。从实际操作来说风险的后续补救或者止损措施都是难度极大甚至是不可能做到的事。

第三节　商业银行市场化债转股中存在的法律问题及措施

一、债转股与分业经营的法律问题及其解决路径

我国相关法律规定银行等各类金融机构不得混业经营，这正是银行对其拥有的企业不良债权实施债转股工作中面临的主要问题。银行不能向非银行金融机构和企业进行投资，对银行的不良债权实施债转股本质上就是向企业进行投资的一种行为。因此，若银行在实施债转股时直接将其拥有的企业债权转化为企业股权并持有，则将违反法律中禁止金融机构混业经营的相关规定。非只有我国的金融机构分业经营，这一条款最早出现于 1933 年美国颁布的银行法案，美国当年在这部法律中规定银行不得涉及投资银行业务。在债转股中银行将债权转化为股权并持有，相当于银行间接对企业进行股权投资，而这已属于投资银行业务的范畴。世界各国为了实现金融经济平稳安全运行，大多在各自的法律中对金融机构分业经营作出了相关要求。

我国商业银行法针对分业经营特别指出“国家另有规定的除外”，这就在法律层面巧妙地为银行不得持有企业股权的规定留出了空间。在不违背法律法规的前提下，银行禁止直接持有企业股权，但在实施债转股项目时，银行可将企业的不良债权以打包转让的形式转让给第三方实施机构（如银行设立的资产管理公司），由第三方机构以中介的形式实施债转股，并代银行持有债转股企业的股权。目前，我国有资格实施债转股的机构主要是国有资本投资运营公司、银行设立的金融资产投资公司、保险资产管理机构等金融机构。

此外，为了进一步推动我国企业混合所有制改革，社会投资者可以携带资金参与债转股项目，股权投资机构（如私募股权投资基金等）也可以与债转股实施机构进行合作，在市场化的原则下，由政府出资创办的产业投资基金参与商业

银行债转股项目。银行牵头对企业所实施的债转股的主要对象是银行的不良贷款资产，但商业银行可以通过债转股实施机构交叉实施市场化的债转股项目，即商业银行可以对他行的不良贷款实施债转股。

二、担保在债转股中的法律问题及其解决路径

信用类贷款和担保类贷款是商业银行所发放贷款的两大主要类别。对于银行发放给企业的担保贷款，若企业无法履行还款义务，则这笔贷款就成为企业的不良债务。在此情况下，银行根据债转股协议将其持有的债权转换为企业的股权，作为借款债权的主债权就此消灭，附属于借款债权的从债权（担保权）在债转股实施完毕后随借款债权的消灭而消灭。因此，完善担保权在法律层面的相关安排就显得尤为重要。若在债转股中担保权随借款债权一同消失，银行最终担保落空，则债权人的利益就会受到损害。在通常情况下，双方可以在实施债转股之前就担保权问题进行协商并签订相关约定，明确担保人的担保责任不会在债转股实施完毕后得到免除。

三、债转股退出机制的法律问题及其解决路径

企业若没有在不良债务进行债转股后对退出机制作出相关安排，则不良债务随着债权转换为股权后，就已经属于到期债务。但是，在没有相应的股权退出机制的情况下，这笔已经到期的不良债务将变为永续债务，这必将对金融市场的风险管控和运行效率带来严重危害。因此，在债转股方案中必须对后期股权的退出触发条件、退出时间和退出方式等问题作出相应安排。开放式债转股和对应的封闭式债转股一般作为债转股的两种主要的股权退出机制。对于前者，重组上市或者在二级市场上将持有的企业股权进行转让，是债转股实施机构实现股权退出的两种主要手段；对于后者，实施机构为了实现股权退出，通常会选择和债转股企业签订回购协议，约定后期企业在某一时间点或满足触发条件后对实施机构持有的股权进行回购。

四、企业重整中的债转股的法律问题及其解决路径

企业因经营不善导致陷入危机后通常会选择进行破产重整，而附带市场化、法治化属性的债转股是企业破产重整环节中的重要方式。《降杠杆率意见及其债

转股指导意见》强调，必须在遵循市场化和法治化原则的基础上实施债转股工作。企业若选择以债转股的方式进行破产重整，这一过程在法律层面上必然包含债务偿付及债权出资两种法律关系，并且这两种法律关系不应被破产重整的集体清偿制度加以限制。债转股作为债权债务关系的一种特殊重组形式，其本身是独一无二且无法被复制的。债转股项目的表决机制目前仍存在诸多争议，由于每一项债转股项目都存在差异，因此无论各债权人决定采取哪种债转股方案进行债务偿付在一定意义上都是比较合理的。不同债权人选择的不同债转股方案不会被企业重整计划或法院强制批准等条件所约束。站在债转股项目个例的角度看，企业不仅需要考虑接受债转股作为偿还方案的债权人的利益，更应该对其余不接受以债转股形式偿付债务的债权人提出的偿还方案加以充分考虑。然而，目前仍存在地方政府出于保护当地就业或维持社会安稳等目的，在理应市场化的债转股过程中会对企业的破产重整流程加以干涉，造成地方政府在企业破产重整过程中期望实现的目标与企业破产重整的目标可能存在差异，因此推进法治化债转股应限制政府行政权力的进一步扩张，同时要充分平衡法律法规与政府行政权力两者之间相互依存关系。

企业在破产重整时选择对不良债务实施债转股，表面上看这是债权人对企业的一笔股权投资，但从根本上看这是企业作为债务人在无法偿还债务导致违约后对债权人债务的一种代物偿还方式，是企业的债权人为了保护自己的债权不受损失或最大限度地减少损失而迫不得已做出的选择。基于债转股的这种代物偿还本质，以及保护债权债务关系的公平性，并充分考虑企业在破产重整时强制执行的特征，保护商业银行的债权应放在重整程序的框架下考虑。当企业由破产重整程序进入破产清算程序后，允许债权人恢复债转股实施后已经转换为企业股权的债权所拥有的债权性质，而不是继续保持在清偿顺序上处于劣势的股权。因此，从法律角度看，将债转股看作一种债务的替代清偿方式似乎更为合理。

五、债转股涉及银行流动性的法律问题及其解决路径

商业银行若决定将其持有的违约企业的不良债权转换为违约企业的股权，就相当于放弃初始拥有的高清偿顺位的违约企业债权，但同时也拥有了法律规定的作为企业股东所依法享有的全部股东权益。在一般情况下，由于对企业进行股权投资的投资回收期较长，且银行作为企业的股东，投资企业的股权所产生的投资

回报具有较高的不确定性，因此银行将债转股前所承担的企业债务违约产生的信用风险转换成了债转股后所承担的股权投资可能面临的退出困难，甚至无法退出的流动性风险。我国商业银行法第四条明确强调，商业银行的经营原则应充分考虑安全性、流动性、效益性。当对象企业进入破产流程后，商业银行作为企业股东，依照破产法应当在企业彻底清偿完债权人债务后再对银行进行债务清偿，这相当于间接扩大了银行的不良债务损失规模。在通常情况下，企业实施完债转股后若能形成扭亏为盈的局面或从先前的财务困境中走出来，那就表明此次债转股的实施是较为成功的，实现了债转股缓解企业财务负担的初衷。但是，实现这一目标不仅与企业自身的日常经营水平和内部治理水平有关，还与宏观经济环境和经济周期波动有关。因此，选择债转股的对象企业对解决商业银行债转股的流动性问题至关重要，应鼓励信用程度高、发展方向明朗、经营状况逆转可能性高的企业实施债转股。对于那些债权债务关系混乱、恶意逃避债务的企业等经营水平较差的企业，应对其实施债转股的动机及条件进行严格的审查。

六、商业银行通过债转股保护投资者利益的法律问题及其解决路径

商业银行对其不良债权实施债转股后，将成为依法享有目标企业经营权与财产权的合法股东。然而，在现实中，大多数商业银行在成为企业股东后不会直接参与企业的日常经营与管理活动，与普通股东不同，作为企业股东的商业银行将更多的关注点放在如何回收先前持有的该企业的不良债权。大多数选择实施债转股的企业可能都无法向商业银行偿还于当初不良债务的利息，商业银行从违约企业的债权人转变为股东后，要想在短期内获得投资收益来填补其不良贷款的损失显然有很大难度。债转股的确缓解了经营困难企业的资金压力，但如何保护债权人的合法利益不在这一过程中遭到损害依然是目前需要迫切攻克的难点。相关法律及政策的设计与制定应将保护投资者合法权益不受侵害作为出发点，但现有的法律法规及政策在保护投资者合法权益方面较为缺乏，因此各级监管部门与监管人员在日常监管工作中经常将其忽视，保护投资者利益并没有成为基本金融监管工作的重心。另外，现代金融行业网络化及虚拟化程度较高，金融体系的运行机制过分依赖于信息的有效传播，在这一过程中，市场投资者因信息传播链上下游的高度不匹配导致其在市场上进行投资活动的风险不断积累。鉴于目前我国法律在保护投资者利益方面不够全面的现状，日后相关法律的出台及修订我们可以学

习西方发达国家在金融改革领域的先进经验与方法，成立专门监督保护投资者利益的特殊机构，将保护投资者利益作为首要职责并切实履行。

第四节　商业银行市场化债转股的监管法治体系建设

一、完善市场化的债转股行为

商业银行在拟实施大规模债转股计划之前，不仅要对银行内部现有业务的操作流程进行创新优化，还要从监管层面对现存的债转股外部监管制度进行考量与变革。这个过程以满足市场需求为依托，以市场化为支撑。美国对不良债权实施债转股的经验较为丰富，20 世纪 80 年代末，RTC 在清收处置破产金融机构的不良资产时在充分结合当时各类情况的基础上针对金融领域的具体实践进行了大量创新，对完善美国金融体系起到了重要的推动作用。

银行在实施债转股的过程中不仅要与政府和监管机构进行协调沟通，还要坚持市场化原则，通过市场来进行资源的有效配置，选择适合的实施方案。债转股只有通过市场化和法治化的操作手段才能真正实现降低企业财务杠杆与减轻经营压力的目标，才能在法律体系下将市场对资源调配的重大作用发挥得淋漓尽致。债转股的各参与主体应依照各自需求，共同协商确定转股条件、价格和相关注意事项，在享有应得收益的同时要承担相应的风险。在债转股过程中，银行要充分利用市场公平竞争的特点来平衡这一过程中各参与主体之间的利益关系。同时，各参与主体应严格遵守相关法律法规及监管要求，在实施债转股的过程中保障投资者和债权人的合法权益不受侵害。

二、完善法治化的债转股行为

完善的法律法规及政策制度是实施债转股行为的基本前提与制度保障。商业银行在实施债转股的过程中其所享有的合法权益在法律层面有了巨大转变，从违约企业的债权人向企业股东的转变意味着商业银行的权利发生了巨大变化。商业银行作为企业的债权人在实施债转股之前依法享有回收贷款、收取利息的权利，尽管商业银行无法干预贷款企业的日常经营决策等管理活动，但此阶段商业银行作为债权人其贷款收益是较为稳定且具有较高可预期性的。即使贷款企业因经营失误或决策失误启动破产程序，但商业银行的债权在受偿顺序上仍优先于企业股东。商业银行在债转股实施完毕后其作为企业的股东不再享有债权人的权利，而是依法享有股东的权利，虽然其可以参与企业的日常经营，但作为股东无法享有收回本金和利息的权利。此阶段商业银行若想从违约企业获得经济收益来填补不良债务的损失，则仅能通过股份红利来获取，而且商业银行所持有的股权在未来产生的收益也具有较高的不确定性。最终，商业银行只能通过将持有的企业股权在二级市场上进行转让出售或回售给企业这种股权退出行为，才能够挽回违约企业在债转股前因不良债务给商业银行造成的损失。商业银行身份上的转变所带来的权利上的转变所产生的主要影响体现为企业破产后其先前作为债权人和之后作为股东在受偿顺序上的变化，这种变化需要更为严格和规范的法律法规及监管制度来充分保护多方主体的合法权益，确保在法律范围内实施债转股项目。

三、规范实施债转股的第三方机构

世界各国的商业银行在实施债转股之类的工作时所采用的模式和通过实践摸索出的先进经验十分值得我国学习和借鉴。目前，韩国在处理商业银行不良债权资产时，通常采取对不良资产进行集中处置的方法，该方法主要以政府主持设立资产管理公司为主。亚洲金融危机爆发后，韩国发展银行的下属机构韩国资产管理公司被政府独立出来并由韩国政府直接管理，主要负责集中处置商业银行的不良资产。韩国政府对韩国资产管理公司的章程进行了重新修订，明确指出资产管理公司的主要职责是管理并出售政府委托管理的资产和国有资产、经营并管理不良资产处置基金、对经营困难的企业或机构实施改革、提供相关咨询服务等。

波兰类似于债转股的工作通常由国内商业银行主持并实施，根据 1993 年颁布的《企业与银行财务重组法》，波兰国内商业银行依法享有较大的“准司法权力”。在波兰财政部门的主导下，国内商业银行通过设立下属的专业处置银行不良债权资产的子机构来专门实施债转股等银行无法直接参与的业务，政府同时设立银企重组监督委员会在重组方案从设计到实施的过程中对破产企业进行监督与管理。

第三方实施机构是债转股项目在具体落实中的一个重要环节。目前，国内实施债转股主要通过商业银行设立的金融资产投资子公司来进行，但除了几家大型银行设立的金融资产管理子公司，大部分股份制商业银行或城商行通过设立类似的子公司或子机构实施债转股工作，但在具体实践上依然有许多困难，而且相关法律法规对实施机构的规定存在着部分冲突。《中华人民共和国商业银行法》第四十三条明确禁止商业银行直接参与或实施债转股。《降杠杆率及债转股指导意见》强调，债转股的基本模式是银行将其持有的违约企业的不良债权通过转让的形式出售给第三方债转股实施机构，并由第三方机构直接实施债转股项目的具体工作，将购买的企业不良债权转换为企业股份并持有，商业银行在这一过程中不得直接持有企业股份。《商业银行资本管理办法（试行）》第六十八条提到，商业银行因政策性原因并经国务院特别批准的对工商企业股权投资的风险权重为400%。银行直接实施债转股，将不良贷款转换为违约企业股权并自身持有，会对银行自身的资本造成严重消耗，这对银行的未来发展是非常不合理的。在中国银行保险监督管理委员会于2018年颁布的《金融资产投资公司管理办法（试行）》允许商业银行成立以实施债转股项目和提供债转股的配套支持服务为主要职能的金融资产投资子公司。同年出台的《关于鼓励相关机构参与市场化债转股的通知》，标志着我国债转股工作的市场化范围进一步得到扩大。商业银行不仅可以通过设立子公司的方式参与债转股，还可以通过单独或联合社会其他资本设立金融资产投资公司的方式参与债转股工作的具体实施，这意味着可实施债转股的机构范围进一步扩大。为适应目前市场化经济的需求，债转股的实施机构不再局限于四大国有银行下属的资产管理公司，还包括符合相关规定申请设立的新机构、商业银行符合条件的下属分支机构、地方性金融资产管理公司等。在资本市场上能够参与实施债转股的机构种类和资本种类越多样化，这些机构和资本的市场价值越能得到充分体现，同时这也是我国商业银行加深债转股工作市场化程度的有利条件。

四、规范实施债转股的资金来源

商业银行自营资金。在合法性上，商业银行的自营资金参与债转股是被法律所允许的，商业银行出于对资金流动性的顾虑，大规模使用银行自营资金参与债转股项目一般是很难实现的。结合我国现行的宏观货币政策，总结我国从过往的金融监管工作中得到的宝贵经验，中国人民银行可以通过向商业银行定向降准的

办法，促使商业银行向社会释放大量资金，以起到对其债转股工作中的资金池进行补充的作用。另外，此举还能激发商业银行在法治化体系下主动实施市场化债转股的积极性。

银行理财资金。由于我国法律明确禁止商业银行直接持有非金融类企业的股份，因此现阶段可行性较高的解决办法是商业银行通过成立银行子公司、子机构或借助理财计划等方法来间接持有非金融企业的股权。2018 年，《中国人民银行　中国银行保险监督管理委员会　中国证券监督管理委员会　国家外汇管理局关于规范金融机构资产管理业务的指导意见》明确了在监管框架下商业银行的理财资金参与实施债转股的路径。银行的资产管理产品可直接或间接投资未上市企业的收益权和股权，这种产品应设计为封闭式资产管理产品，且应明确收益权和股权的退出机制，退出日期应在产品的到期日之前。根据《关于鼓励相关机构参与市场化债转股的通知》，允许商业银行、基金管理公司、证券公司等金融机构在符合相关法律法规和指导意见的前提下，通过向市场推出资产管理类产品等方法参与并实施市场化债转股的具体工作。

保险资金。根据 2017 年《中国保险监督管理委员会关于保险业支持实体经济发展的指导意见》，市场化债转股的工作在具体实施中若需发起或成立实施债转股的第三方机构时可以使用保险资金，保险资产管理机构可以通过成立专项基金的方式来参与实施债转股项目。比如，在中国重工、中国华能、陕煤集团和川气东送等企业的债转股项目中，中国人寿使用总规模达 580 亿元的保险资金参与并实施这些债转股项目。

私募基金。根据《关于市场化银行债权转股权实施中有关具体政策问题的通知》，机构可以通过设立私募股权投资基金的方式参与债转股的具体实施，并且商业银行若存在符合条件的理财产品，这些产品也可以向该基金出资；该私募股权投资基金可以通过与拟实施债转股的企业合作的方式，共同设立该基金的子基金参与债转股工作；各参与主体不仅可以借助发行股票或可转债来吸纳资金偿还不良债务，也可以借助权益类融资工具实施债转股项目。《关于鼓励相关机构参与市场化债转股的通知》明确指出，保险业实施机构若参与债转股项目，可以发起或成立私募股权投资基金，这样市场化债转股的资金来源将得到进一步增多。

第八章　案例研究

第一节　陕煤集团的市场化债转股实施案例

一、企业发展背景

陕西煤业化工集团有限责任公司（以下简称“陕煤集团”）成立于2004年，近年来陕煤集团正在进行去库存、转移产能、关闭关中煤矿等一系列改革举措，需要安置大量的工作人员，有些项目前期投入巨大但还未及时产生效益，因此具有较大的资金压力。2015年底集团负债率高达80%，较行业平均值高出10个百分点。

图8-1是陕煤集团2007年上市以来的净利润变化情况。2007~2016年，陕煤集团的净利润先持续上涨再不断下跌，然后恢复上升，呈现出一种过山车式的变化形态。2007~2011年，企业净利润处于上升状态，但从“十二五”时期开始，企业净利润一直处于下降状态，且在2015年出现负增长，亏损达到298854万元。

从资源占有情况来看，陕煤集团拥有400多亿吨的煤炭资源，其中95%以上的煤炭资源处于陕北地区，煤炭质量较高。无论是作为动力煤还是作为化工原料，煤炭都是天然的优质资源，该集团采煤成本控制在每吨100元左右，在全国范围内具有独一无二的优势。截至2016年底，陕煤集团利用去产能的政策措施，

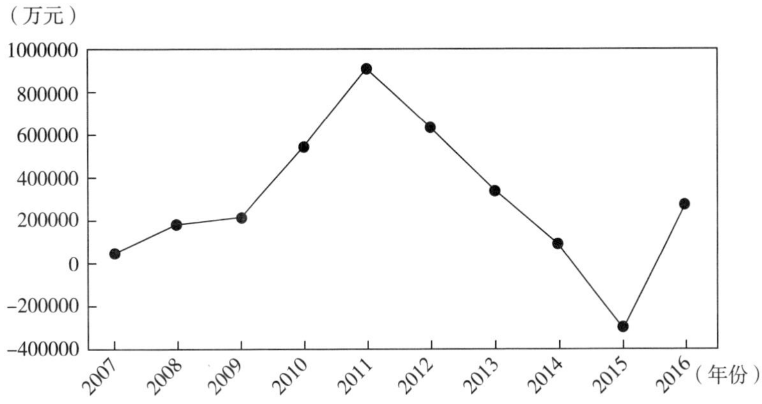

图 8-1 2007~2016 年陕煤集团净利润变化情况

已关闭渭北地区 18 个没有竞争力的矿井，淘汰了近 2000 万吨的落后产能。另外，该集团利用国家新上项目与淘汰落后产能挂钩的政策，近期有望取得 6 个优势矿井，共计 5620 万吨先进产能。

陕煤集团最新落地的资金达到 454 亿元，占据全国落地资金的一半左右，目前主要落地了六项业务，每笔业务所涉及的实施机构、资金来源、实施规模、操作模式及退出方式均有所不同。

二、项目实施背景及项目进展

陕煤集团自成立以来，实现了快速发展。在发展初期该集团使用了比较激进的策略——加杠杆，杠杆加得越高，发展资金就会越多，企业在快速发展时期获得的效益就更显著。金融的助推导致企业的有息负债高于行业平均资产负债水平，因此需要解决企业过分依赖于银行贷款的问题。

为了推动钢铁行业和煤炭行业积极参加债转股项目，中国银行业监督管理委员会、国家发展和改革委员会、工业和信息化部在 2016 年 11 月制定了关于企业去产能及债权债务的规定。与此同时，中国银行业监督管理委员会、工业和信息化部、国家发展和改革委员会联合发布相关意见，针对因减轻过多的产能而产生的金融债务债权等问题，应当推动钢铁行业与煤炭行业的优质企业参与债转股项目，对具有发展潜力但遇到困难的优秀企业加以激励，包括因为行业周期性波动产生困难的企业与一些处于成长期且资金周转较为困难的企业。而陕煤集团属于这一类企业，债转股是陕煤集团减轻债务负担的首要方法。截至 2017 年第三季度，陕煤集团资产负债率达到 72.04%，相比上年下降了许多，短期融资所占的份额减少了不到 1/3，同时其财务风险保持下降趋势，使企业资金链免除了断裂的风险。截至目前，陕煤集团共成功落地 6 项债转股业务。

1. 陕西陕煤榆北煤业有限公司

陕西陕煤榆北煤业有限公司（以下简称“榆北煤业”）市场化债转股主要采取的操作模式是间接投资债转股模式，以基金的形式募资，实施机构通过合伙企业向榆北煤业注资持股，具体实施过程如图 8-2 所示。

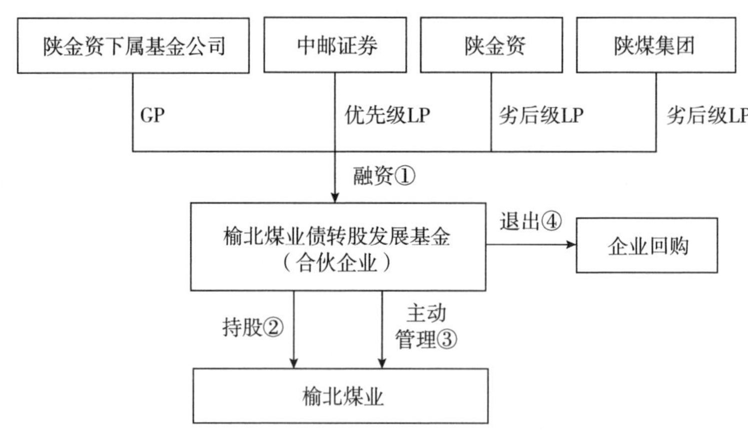

图 8-2　榆北煤业债转股模式

实施机构：陕金资。

资金来源：由中邮证券有限责任公司（以下简称“中邮证券”）、陕金资和陕煤集团共同建立合伙企业，通过基金的方式募资 100 亿元，该基金由陕金资下属的基金公司做 GP，负责资金的管理，不出资；中邮证券做优先级 LP，陕金资和陕煤集团分别做劣后级 LP，按照 8∶1∶1 的比例向榆北煤业增资，合伙企业共同持有榆北煤业的股权。

退出方式：陕煤集团采取优先赎回的方法，以一种平价的方式回购其股权。

2. 陕煤集团二级公司化工集团

陕煤集团二级公司化工集团（以下简称“化工集团”）市场化债转股主要

采取的操作模式是间接投资债转股模式，以信托计划的形式募资，实施机构通过合伙企业向化工集团注资持股，具体实施过程如图 8-3 所示。

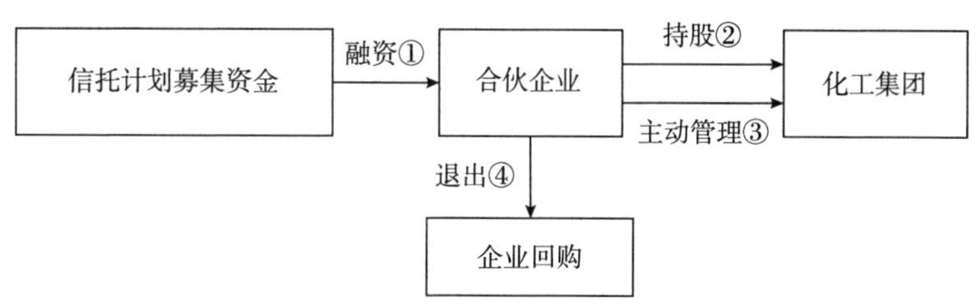

图 8-3 化工集团债转股基本模式

实施机构：国家开发银行子公司。

资金来源：国家开发银行子公司和 A 信托公司搭建合伙企业，通过信托计划募集保险资金，募集的资金直接增资到化工集团，集团将股权质押给合伙企业。

退出方式：集团优先回购其股权。

3. 陕西省铁路物流集团有限公司

陕西铁路物流集团有限公司（以下简称“铁路物流集团”）进行市场化债转股时，主要采取的操作模式是间接投资债转股模式，以信托计划的形式募资，实施机构通过合伙企业向铁路物流集团注资持股，具体实施过程如图 8-4 所示。

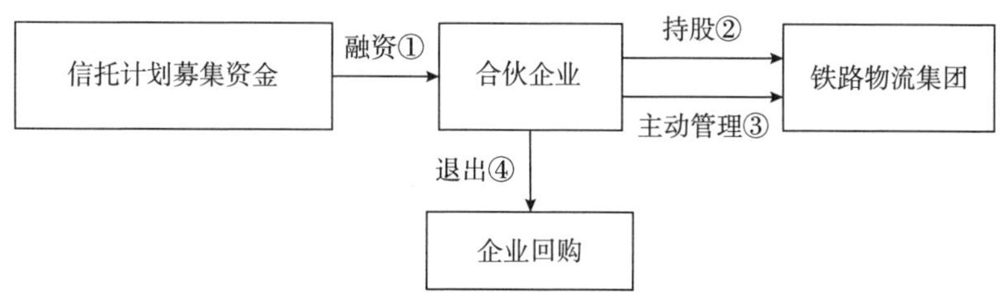

图 8-4 铁路物流集团债转股基本模式

实施机构：国家开发银行子公司。

资金来源：国家开发银行子公司和 B 信托公司搭建合伙企业，通过信托计划募集保险资金，募集的资金直接增资到铁路物流集团，集团将股权质押给合伙企业。

退出方式：集团优先回购其股权。

4. 黄陵矿业集团有限责任公司及其下级公司

黄陵矿业集团有限责任公司（以下简称“黄陵矿业”）市场化债转股主要采取的操作模式是间接投资债转股模式，以基金的形式募资，实施机构通过合伙企业向黄陵矿业注资持股，具体实施过程如图 8-5 所示。

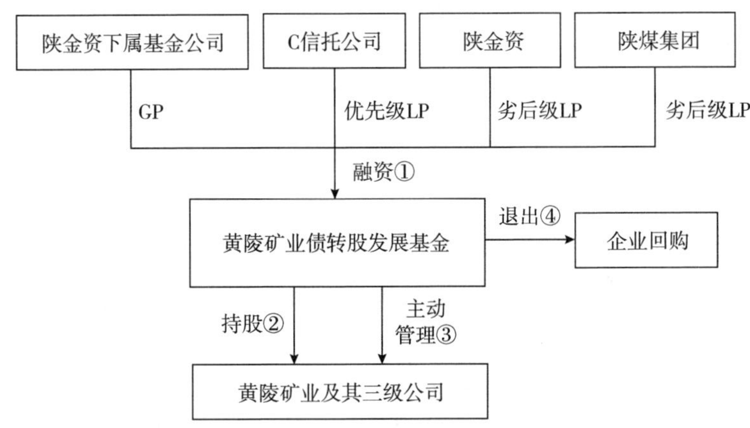

图 8-5　黄陵矿业及其下级公司债转股基本模式

实施机构：陕金资。

资金来源：由 C 信托公司、陕金资和陕煤集团共同建立合伙企业，通过基金的方式募资，该基金由陕金资下属的基金公司做 GP，负责资金的管理，不出资；C 信托公司做优先级 LP，陕金资和陕煤化集团分别做劣后级 LP，按照 8∶1∶1 的比例向黄陵矿业增资，合伙企业共同持有黄陵矿业的股权。

退出方式：黄陵矿业采取优先赎回的方法，同时陕煤集团承担差额补足义务。

5. 蒲城清洁能源化工有限责任公司、湖北能源集团股份有限公司与陕西彬长矿业集团有限公司

蒲城清洁能源化工有限责任公司（以下简称“蒲城清洁能源”）、湖北能源集团股份有限公司（以下简称“湖北能源”）和陕西彬长矿业集团有限公司

（以下简称“彬长矿业”）市场化债转股主要采取的操作模式是间接投资债转股模式，以基金的形式募资，实施机构通过合伙企业向对象企业注资持股，具体实施过程如图 8-6 所示。

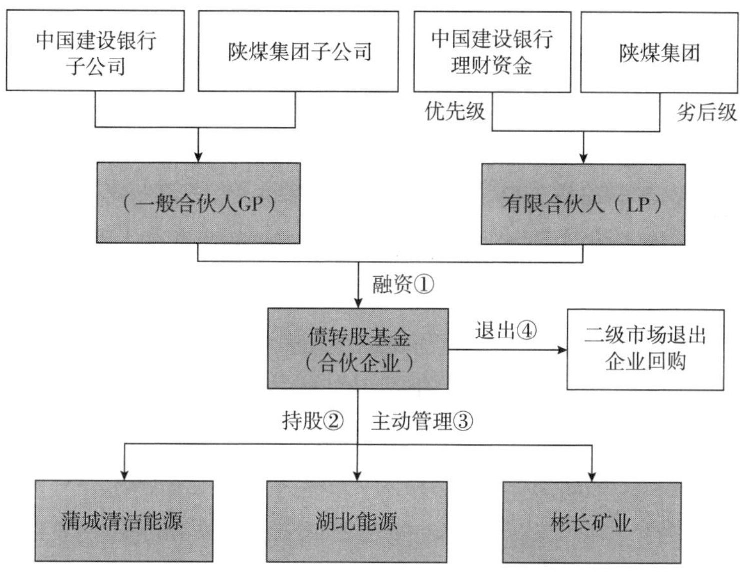

图 8-6 蒲城清洁能源、湖北能源和彬长矿业债转股基本模式

实施机构：中国建设银行附属子公司。

资金来源：由中国建设银行子公司和陕煤集团子公司共同建立合伙企业，通过基金的方式募资，该基金由中国建设银行子公司、陕煤集团子公司做双 GP；由中国建设银行理财资金和陕煤集团分别做优先级 LP 和劣后级 LP，按照 4∶1 的比例向转股企业增资，合伙企业共同持有转股企业的股权和股权收益权。

退出方式：该债转股项目的期限是七年，七年以后对股权和股权收益权回购（其中股权转让不存在质押，收益权的转让就是把股权作为质押）。

6. 陕钢集团韩城钢铁有限责任公司

陕钢集团韩城钢铁有限责任公司（以下简称“陕钢韩城公司”）市场化债转股主要采取的是直接投资债转股模式，实施机构以契约型基金的形式募资后直接向陕钢韩城公司注资持股，具体实施过程如图 8-7 所示。

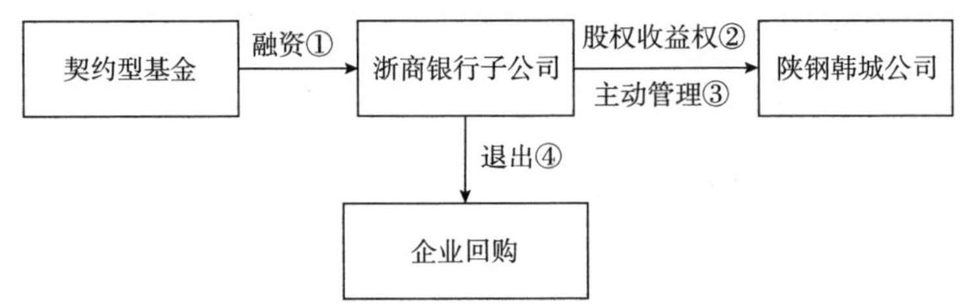

图 8-7 陕钢韩城公司债转股基本模式

实施机构：浙商银行附属子公司。

资金来源：浙商银行子公司通过契约型基金募集社会资金，向陕钢韩城公司注资后持有股权收益权。

退出方式：采取“5+2”模式，即陕煤集团选择在第五年末或第七年末对股权收益权进行回购，一般为了防止到期回购的资金压力和风险，基本安排在第三年或者第四年末开始进行分期回购。

三、分析与启示

陕煤集团能够开展债转股项目并成为全国资金落地量最大的企业，总的来看共有以下四个方面的优势：

第一个优势是煤炭资源优势。“十三五”规划指出：在“十三五”时期进行煤炭开发时，主要是减少东部、限制中部和东北部、优化西部。陕煤集团响应国家号召，建设三对千万吨矿井的项目，项目建成投产后，陕煤集团将会在煤炭行业占有一席之地。这是陕煤集团的资源优势，金融机构只有看到了陕煤集团的发展前景，才会有大规模的资金注入。

第二个优势是区位优势。陕煤集团矿井交通便利，紧邻榆林榆阳机场，包茂、榆商高速从矿区附近经过，神红铁路穿过矿区，煤炭外运公路、铁路线畅通快捷。这有利于陕煤集团的资源输出，降低集团的物流成本，属于集团的区位优势，可以为陕煤集团的未来发展提供良好的基础。

第三个优势是科技创新优势。陕煤集团组建了拥有 300 余名硕博士的专业研发团队和一个技术研究院，在科研人员的努力下，集团获得了很多省部级奖项。具体来看，陕煤集团内部设立了新型科技创新管理体系，拥有全国唯一的

煤炭分质分级清洁利用实验室，居于国内外行业领先地位。这是陕煤集团独有的科技创新基础，现阶段创新产生了大量的资金投入，致使企业自身杠杆率过高，但是一个不断顺应市场变化并寻求创新的企业始终在不断进步，这预示着陕煤集团拥有良好的发展前景，是一个值得金融机构与其合作的优质企业。

第四个优势是产融结合的优势。陕煤集团是长安银行和秦农银行的第一大股东，同时控股了开源证券股份有限公司（以下简称“开源证券”）和陕西省国际信托股从有限公司（以下简称“陕国投”），也是陕国投的第一大股东，联合成立了长安保险。从目前的发展来看，陕煤集团在金融领域接近全牌照。这对企业自身来讲就体现了产融结合的优势，在债转股的背景下，优秀企业会自发寻找银行进行合作，希望借助银行的特殊优势强强联合，做好金融运营。这种企业发展思路与传统融资关系相比已经有了很大的突破，对未来债转股的良好发展有非常重要的意义。

陕煤集团的投资规模较大，融资结构复杂，导致其财务杠杆比较高。在深入推动供给侧结构性改革的主要背景下，陕煤集团在一些煤炭、化工、钢铁行业的企业进行债转股项目，这种行为使集团的资产负债率减少了大概 7%，减轻了企业的资金压力与短期债务的违约风险。企业实行债转股之后，进一步优化了集团的债务与资本结构，为将来企业进一步转型与结构调整创造了良好的条件。陕煤集团作为陕西第一个市场化债转股项目的实施方，在企业去杠杆和减轻债务等方面进行了实践，同时探索了一些省内大型国有企业（如能源类、制造类与交通类企业）债转股的相关需求，为这些企业成功实现去杠杆、减负债的目标提供了有效经验。

借鉴陕煤集团债转股案例的做法，以股权投资思维的风控模式精选债转股项目标的，从根本上避免明股实债。在债转股的实施过程中，企业宜采取多元化的股权退出方式。如果以企业回购为主要方式退出股权，其财务风险会更加严重，因此一些金融资产管控公司在退出股权的时候，可以增加一些新型战略投资，助推企业长足发展。

第二节　彩虹集团有限公司市场化债转股实施案例

一、企业发展背景

彩虹集团有限公司前身是陕西彩色显像管总厂，1982 年在陕西省咸阳市建成，2012 年 12 月经国务院批准并进入了中国电子信息产业集团有限公司。如今，集团共有四十余家全资、控股公司，同时还包含两家上市公司，分别为彩虹股份和彩虹新能源。截至 2016 年底，集团总资产为 204.76 亿元，负债总额为 170.04 亿元，其中有息负债为 117.42 亿元，净资产为 34.72 亿元，资产负债率为 83.05%。

从图 8-8 可知，彩虹股份 2007~2016 年的资产负债率持续走高，从 2007 年的 30.05%涨到 2016 年的 79.21%。2009~2010 年彩虹股份资产负债率虽有下降，但仍无法改变资产负债率整体上升的趋势，2012 年资产负债率首次突破 70%，达到 75.8%，达到危险比例，随后三年虽有下降，但下降幅度微小，资产负债率始终保持在 70%以上，2016 年资产负债率达到 80%。综合十年间彩虹集团资产负债率的变化趋势来看，集团资产负债状况一直不理想。

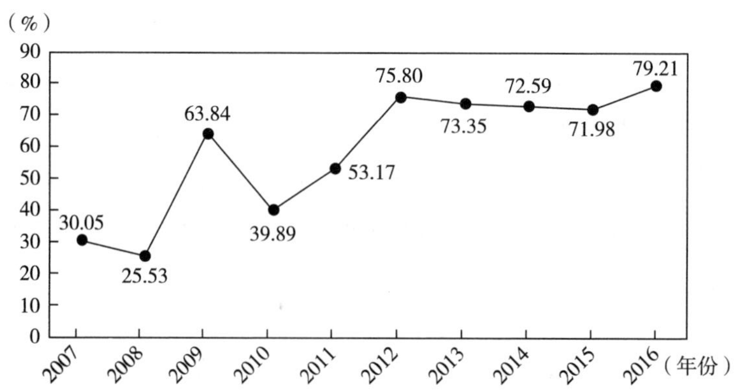

图 8-8　2007~2016 年彩虹股份资产负债率的变化情况

二、项目实施背景及项目进展

彩虹集团在电子信息产业重要产品等技术领域取得了330多项科技成果、1400多项专利，总共获取收入180多亿元、利税100多亿元。最近几年，彩虹集团努力推动企业转型发展，以液晶玻璃基板、液晶面板、镀膜玻璃、光伏及中央玻璃、LED、智能医疗等为主要业务发展方向。在这几个业务发展方向中，液晶玻璃基板是一项打破国外垄断的业务，获批建设了国内首个平板显示器国家玻璃技术实验室，并成为国内首批唯一的智能化试点示范工程。该集团的盖板玻璃已达到国际水平，光伏玻璃技术处于世界领先地位，其规模位列世界前三，LED技术已进入国内第一梯队。2015年12月25日，中电电气咸阳一代液晶面板生产项目开始动工，彩虹集团向该项目投资280亿元，该项目将带动咸阳乃至全省电子信息产业的转型和现代化发展。中国电子彩虹集团（以下简称“中电集团”）在咸阳高新区投资建设了一条TFT-LCD生产线，这是西北地区的第一条此类型生产线，为我国显示器件产业的兴旺发展作出了重大贡献。但是，当前公司由于资产负债率高，还本付息压力较大，融资渠道单一，无法有效支撑新项目拓展和企业转型升级，开展市场化债转股的需求非常迫切。彩虹集团为实现延期限、调结构和降成本的目的，集团财务部开始制定实施债转股的具体方案，仅用1个月的时间，该方案便通过了集团董事会决议。目前，陕西金融控股集团（以下简称“金控集团”）已与彩虹集团签订了总规模为43.3亿元的市场化债转股合同。

（1）资金来源：为拓宽债转股资金来源，构建资本补充长效机制，金控集团聘请开源证券和中信证券股份有限公司（以下简称“中信证券”）作为承销团，启动50亿元（期限不超过七年）专项债券发行工作，债项评级为AAA。募集资金用于市场化债转股项目，以及补充公司营运资金。陕金控采取基金模式，融合各类资本，开展债转股项目投资。

（2）转股债权范围：陕金控通过发债融资，投资23.3亿元替换彩虹集团控股子公司的银行贷款，并获得相应股权。

（3）股权定价：在符合监管要求和市场规则的前提下，金控集团评估彩虹集团控股子公司的投资价值，最后得出一个合理估价，增资之后的出资额和股权比例由监督管理部门确定。

（4）退出方式：采取优先股方式、上市公司股权置换、现金回购方式实现投资退出（见图 8-9）。

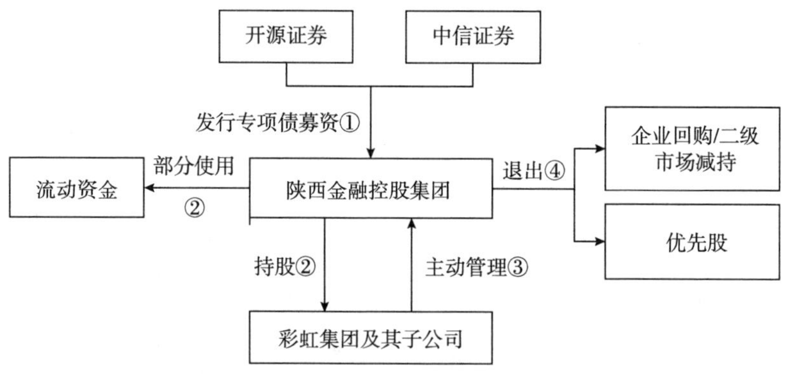

图 8-9　彩虹集团债转股基本模式

三、分析与启示

彩虹集团的市场化债转股专项债券是自专项债券债转股被国家发展和改革委员会推出以来，国内首次发行的企业债券，是彩虹集团和金控集团利用债券市场直接融资工具降低企业杠杆水平的重要举措。专项债的获批也表明，债转股并不局限于作为第三方的参与银行。

本次增资将有助于彩虹集团控股子公司降低资产负债率和融资成本，缓解债务负担，解决新建项目的融资问题。金控集团也可以委派董事、监事等高管进入彩虹集团子公司行使相应的股东权利，助推其改善公司治理结构，并通过投后管理和增值服务，帮助彩虹集团控股子公司加快转型升级、提质增效。

第三节　南京钢铁股份有限公司市场化债转股实施案例

一、企业发展背景

南京钢铁集团有限公司（以下简称“南钢集团”）创立于 1958 年，原名南

京钢铁厂，是当时江苏省最早成立的一家特大型钢铁企业。1996 年，南京钢铁厂更名为南京钢铁集团有限公司，旗下七家工厂的主营业务由南京钢铁集团有限公司接管，生产钢铁、棒材等相关产品。2000 年，南京钢铁股份有限公司成功在上海证券交易所上市，南京钢铁集团有限公司是其控股股东之一。2003 年 5 月，南京钢铁集团有限公司开始了从国有独资公司到非国有独资公司的全面重组，与上海复星集团下属的三家公司共同组建了南京钢铁联合有限公司（以下简称“南钢联合”）。目前，南钢的主营钢铁业务已获得全面上市。

南京钢铁股份有限公司（以下简称“南钢股份”）是一家科技含量高、产业化程度高的高新技术企业。公司业务包括高档钢、优质长钢等材料，在销售方式上也与时俱进，采用了线上与线下相结合的方式，能够为客户提供一些特色的一对一服务，提升产品的附加价值，企业的发展过程能够总结为由低能耗到低成本再到高效率的过程。如今，我国的经济发展试图由“高产量”向“高质量”转型，钢铁行业也是如此，踏上了追求高质量的道路。2018 年末，钢铁行业已经达到了减产 1.35 亿吨的成绩，其余 1500 万吨减产任务还没有全部完成。2018 年 2 月，政府颁布了一项钢铁行业有关产能置换的实施意见，对新增产能进行了禁止，并对钢铁行业的产能置换进行了限制，指出企业应当减少一些钢铁的产能置换。同时，我们可以看到，中国对粗钢的需求在下降，但粗钢的产量在持续增加，与此前预期不符，因此钢铁工业必须支持高技术产品生产企业的发展。今天，中国正在向科技大国迈进，这不仅要贴近生产公司的具体发展方向，还要与时俱进，依托快速发展的互联网技术，推动钢铁工业与大数据技术交叉结合，推动技术创新。同时，持续提升钢铁材料的质量和制造能力，响应优质制造要求，以生产更加优质的钢材为具体的努力方向。

钢铁工业在变革过程中和宏观经济发展之间的联系也非常紧密。首先，因为国内经济提升速度趋于平缓，所以钢铁产品特别是生钢需求逐步下降。如今，钢铁行业正在努力践行减少产能的倡议，但短时间内产能溢出现象仍不可避免。其次，我国加强对工业污染的治理，直接导致钢铁行业的利润降低，企业的经营杠杆增加。南京钢铁股份有限公司也不例外，从公司 2012~2016 年的年报能够看到，公司资产负债率出现了从 74.29%到 80.19%的增长。2012~2016 年，南京钢铁集团有三年的销售净利率为负值，具体情况如图 8-10 所示。

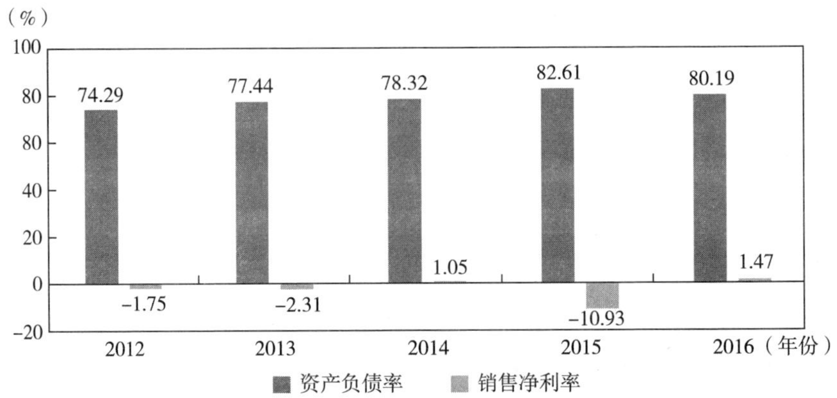

图 8-10　2012~2016 年南京钢铁股份有限公司的资产负债率与销售净利率

二、项目实施背景及项目进展

从 2016 年 12 月 13 日开始，中国银行业监督管理委员会、国家发展和改革委员会等多个机构发布联合公告，指出要解决钢铁与煤炭行业中存在的产能情况，同时对债权与债务的关系进行重新定位。公告特别提出要为钢铁、煤炭等行业的企业提供债转股的相关条件，努力推动一些不同类型的执行机构参与其中，如金融资产管理公司等。另外，在具体的实施过程当中，执行机构应充分发挥股东权益的作用，完善公司治理结构，提升公司价值。从南钢 2012~2016 年的年报可知，企业的资产负债率从之前的 74. 29%增加到了 80. 19%。在这五年间，南钢的销售净利润总体为负，但在科技投资方面，南钢集团一直处于行业前列。南京钢铁股份有限公司在面对企业的经营难题和高杠杆情况时进行了一系列努力，然而结果并不理想。由于中国的整体经济环境呈现出经济增长速度变缓的状态，因此在大部分能源行业，特别是煤矿、钢铁等行业，它们的资金效应比较大，同时在经营过程中也会遇到较多困难，供需结构不够平衡，存在较大的市场风险。

2016 年 10 月，国务院宣布启动债转股，帮助有良好发展前景的企业尤其是一些高新技术企业渡过难关，同时建议一些执行机构加入公司治理中去，使业务发展道路越来越广阔。基于此，中国建设银行紧跟政策的脚步，2016 年初建立了一个名为“春雨工程”的债务资本互换工作组，为一些具有广阔发展前景的企业提供服务，进一步推动供给侧结构性改革。南钢集团在 2016 年末按照国家的政策要求，踏上了一个崭新的发展方向，与中国建设银行合作进行债转股。

南钢股份和中国建设银行在商议债转股的具体事宜时，之前的方案是中国建设银行直接融资并参股南钢股份，降低财务补偿比例，但这一方案等同于南钢股份增发股份。根据中国证券监督管理委员会的有关规定，在审批过程中，上市公司必须上报增发情况并严格监控资金使用情况，募集资金禁止用于偿还公司债务。另外，中国证券监督管理委员会审批流程复杂冗长，导致南钢股份的杠杆率较低。因此，南钢股份与中国建设银行商议之后，中国建设银行将此次股权置换的投资标的作为南钢股份全资子公司，这样能够使整个审批过程更加迅速，同时可以方便在市场上进行相关操作。中国建设银行在 2016 年 9 月，开始运行南钢股份的“春雨工程”，中国建设银行借助总行与分行的衔接，对南钢股份的负债及权益的相关处置方案加以改善。2016 年 12 月，南钢集团、复星财务、南钢联合与中国建设银行一起签订了《关于深化杠杆减持与市场化债务互换合作的备忘录》。拥有多种经营方式的债转股，根据债转股经营者的不同，可分为直接、间接和委托三种经营方式。在这种情况下，南钢股份的换股是一种直接模式，属于增资类型的债转股。在我国，商业银行不能直接向企业投资，因此商业银行普遍会成立自己的投资分公司，目前我国四大国有银行都有自己的投资分公司。2017 年 2 月 22 日，中国建设银行与南京南钢钢铁联合有限公司（以下简称“南京钢联”）、南钢股份、南钢发展四方签署投资意向。建信（北京）投资基金管理有限公司（以下简称“建信投资”）与南京钢联一起向南钢发展增资，具体方法是先签订信托基金协议，然后建立资产管理方案。在此次股权置换方案中，重点聚焦股份价值层面，此次债转股行为在企业的增资过程中可以起到减轻债务的作用，促进公司资本进一步流动，助力企业走出融资难的困境。同年 3 月 29 日，通过中国建设银行总部的批准之后，南京钢铁 30 亿元的债转股投资由中国建设银行江苏省分行与上海市分行共同敲定。

1. 实施主体

此次进行股权置换的主要机构包括建信投资与南钢联合及其子公司，南钢发展和南钢股份是本次股权互换的对象。南京钢联及其子公司南钢联合双方共同持有南京钢铁股份有限公司近一半的股份，建信投资为了减少相应的风险，提出了股权质押的方案，要求将南钢股份 48. 2%的股权质押给中国建设银行。

2. 实施方案

首先，南钢股份要召开股东大会，对本次增资换股的行为进行商议。其次，南京钢联对建信投资发出承诺函，承诺函提到，在资本退出方面，南京钢联及其子公司南钢发展等增资机构不能在建信投资之前退出。短期来看，南钢股份应在本次股权置换实施后三年内购买建信投资持有的南钢发展的股份，否则需要收回建信投资拥有的所有南钢发展的股权资本。本次发行后，南京钢联与南京钢铁所担保的股份约占南京钢铁总股本的 48.2%。

这种债转股融资方式得到了多方同意，经南京钢联、建信投资、南京钢铁股份有限公司同意后，建信投资与南京钢铁发展签订了 3 亿元的融资协议，其中南京钢铁发展的社会资本金为 9.35 亿元，南钢发展的资本金储备 20.65 亿元；南京钢协与南钢发展签约 7.50 亿元，其中南钢发展的社会资本金为 2.34 亿元，南钢发展的资本金为 5.16 亿元。建信投资与南京钢联签约 37.50 亿元，其中南钢发展的新增社会资本为 11.69 亿元，南钢发展的新增资本公积为 25.81 亿元（见图 8-11）。

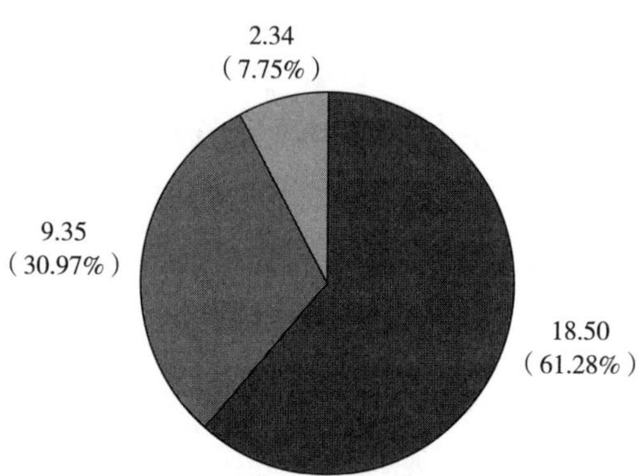

图 8-11　增资后南钢发展股权结构

协议中确定的承诺主要有四个方面：第一，限制资本金的使用。南京钢铁股份有限公司的资本负债交换所涉及的注资全部进入中国建设银行指定的监管

账户，用于监测账户曾经的资金使用情况，还需要提供相应的支出证明。第二，基于公司的经营状况，股权互换实施后三年内，南京钢铁的年资产负债率必须小于72%。另外，南钢近两年的营业利润呈现亏损的状态，因此南京钢联需要买回建信投资拥有的南钢发展的所有股份。第三，南京钢联需要对注册资本进行一定的限制。南京钢联每年的资产负债率报告应低于70%，流动比例应高于0.5。第四，南钢开发企业的资金需求。南京钢联及其子公司正在扩大在南钢发展的资本金，南钢开发获得的7.5亿元不能任意转化为南钢股份的股票。如果在债转股完成后的三年内，南京钢联持有的南钢发展的股份转为南钢股份，那么这部分南京钢铁股份也将由建信投资使用。同时，未经建信投资书面同意，南京钢联和南京钢铁股份有限公司不得将南钢发展持有的股份转让给股权互换协议以外的各方。

3. 退出机制

南京钢铁股份有限公司在退出安排中选择南京钢铁作为最后的退市保障，具体安排如图8-12所示。以南京钢铁债转股为例，建信投资在协议所载承诺中就共同债务的状况与南京钢铁及其子公司的运转情况进行了明确协议。南京钢联基于最终退出的要求，对其制定相应规定。基于企业资本风险，建信投资也制定了相关规定，要求南京钢联的长期投资和净资产应限制在200%以下。对公司的偿还债务风险而言，南京钢联的资产负债率应当小于70%，流动比例应当高于0.5。

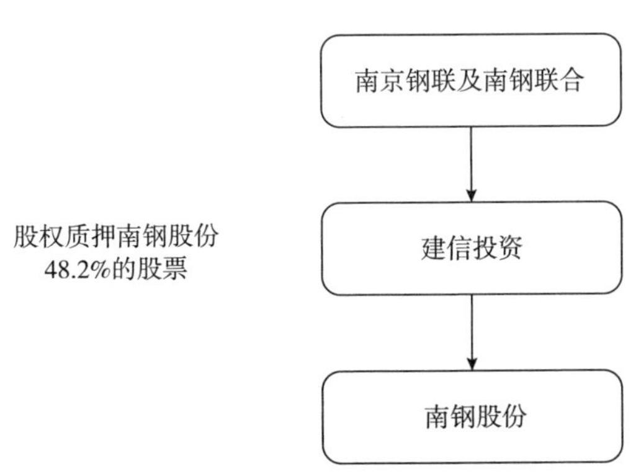

图8-12　南钢股份债转股退出安排

由图 8-12 可以看出，中国建设银行对南钢未来的发展持乐观态度。同时，为防范风险，银行在协议中对南京钢铁股份有限公司、南京钢铁发展和南京钢铁联合提出了要求。此外，中国建设银行还制定了针对南京钢联的限制措施，可以降低违约的可能性，保证资金安全，实现有效的风险防范。

三、分析与启示

首先，股权互换实施后，南京钢铁股份有限公司利用外部筹集的资金对企业的债务进行偿还，这举措明显改善了其现金流上存在的一系列相关问题，同时增加了生产过程中的资金投入。2017 年，企业在精钢系列产品的生产与销售过程中取得了较高的利润，几乎增长了十倍。无论是新钢的生产还是公司的销售模式，南京钢铁的研发技术投资始终保持着行业领先水平，在研发上投入了大量资金并取得了一定的收益，拥有显著成效。譬如，公司所采用的产销一体化模式"JIT+C2M"显著减少了企业所需的成本，同时使利润得到了增长。南钢在众多民营钢铁企业中拥有较高的经营利润、科研水平与高附加值，同时产品销量与盈利能力独树一帜。另外，在负债风险方面，南钢集团也取得了明显进步，资产负债率从 80.2%减少至 58.8%。实施债转股之后，企业的利润迅速提升，债务减少，企业得到的利息提升了九倍，明显改善了债务情况。因此，在资产的质量及利润提升方面，企业一直保持在较高水平，影响股权互换的债务风险降低且公司盈利能力显著，公司价值增加。

其次，债转股实施后，股市对债转股的短期反应并不强烈，但通过对比南钢及其所在行业 2016~2017 年托宾 Q 值的变化发现，债转股实施后，公司市值大幅增长。这表明投资者也意识到了债转股政策带来的益处，进而增加了对债转股方面的股权投资，公司市值得到了提高。此外，在社会责任方面，南京钢铁的社会贡献价值从债转股前的 0.846 元/次提高到债转股后的 1.78 元/次，其中股票收益从 0.089 元/股增加到 0.786 元/股，这说明公司股东的收益增加了，可以吸引更多的证券市场投资者，增加其资本价值。此外，股权置换之后，企业得到了源源不断的资金流，在环保生产、优质排放及产品质量提升方面取得了不错的成绩，商誉的提升也间接促进了公司价值的提升。

在公司治理层面，公司价值的两个影响因素债务水平和高管资本激励呈现出来的是一种替代功能，只要降低了债务水平，高管薪酬对绩效的敏感度会大幅增加。

实施债转股之后，债务水平的降低会实现股权激励，从而提升公司绩效。因此，债转股后公司激励政策对公司价值的影响表现出正面的促进作用，增加了公司价值。

第四节　中国船舶重工股份有限公司市场化债转股实施案例

一、企业发展背景

中国船舶重工股份有限公司（以下简称“中国重工”）于1999年建立，在2009年于上海证券交易所上市。如今，中国重工共有18家全资子公司，这次债转股项目的主要目标机构是大连船舶重工集团有限公司和武昌船舶重工集团有限公司，这两家企业在国内外的船舶行业地位重要。

研究中国重工债转股项目的主要原因如下：首先其开创性地提出了新型的两步债转债方式，整体解决了债务和债务的转移问题；其次中国重工属于造船业，整个行业的特点是资产水平较高、规模较大并具有一定的周期性。在如今整体经济不景气的大背景下，船舶工业通过并购重组以应对当前的经济困境，中国重工及其子公司是船舶工业的主体企业，在船舶工业中具有很强的代表性，对其股权转换项目的研究可以为同行业同类公司降低杠杆效应提供参考。

二、项目实施背景

1. 实施过程

基于中介机构的调查结果，同时对参与的主体给予一定的考虑，两公司经过商议提出创新的两步计划。

第一步将子公司的债务转为股权，这一步可通过两种模式实现：

（1）债务收购转股权模式。

2017年6月至7月，中国信达资产管理股份有限公司（以下简称“中国信达”）、中国东方资产管理股份有限公司（以下简称“中国东方”）与中国船舶签订债务收购协议，以账面价值向目标公司购买70.34亿元股权贷款（见表8-1）。

同年8月15日，双方签订了债转股协议，约定用之前公司获得的借款债务来对目标公司的股权进行置换。这两家公司中国信达与中国东方选择此种股权置换模式的原因是它们的商业性质无法直接用现金投资，参与债转股必须采取此模式。

表8-1 债权来源

单位名称	贷款机构	贷款余额（亿元）	出资单位
大船重工及其子公司	中船财务	31.5	中国信达
		20	中国东方
武船重工及其子公司	中船财务	18.84	中国信达

（2）现金增资偿还债务模式。

2017年8月15日，六家投资机构（包括国新基金、中国人寿等）都与中国重工签订投资协议，共涉及现金增资148.34亿元（见表8-2）。

表8-2 八家投资机构对标的公司的增资情况 单位：亿元

股东名称	增值形式	大船重工增资额（亿元）	武船重工增资额（亿元）	合计增资额（亿元）
中国信达	债权	31.5	18.84	50.34
中国东方	债权	20	—	20
债权增资金额小计		51.5	18.84	70.34
国新基金	现金	61.09	18.91	80
国调基金	现金	16.92	5.24	22.16
中国人寿	现金	15.27	4.73	20
华宝投资	现金	5.86	1.82	7.68
招商平安	现金	5.35	1.65	7
国华基金	现金	8.78	2.72	11.5
现金增资金额小计		113.28	35.06	148.34
合计		164.78	53.9	218.68

1）大船重工。

首先，评级机构对大船重工股权的估值是2184971.9元；其次，大船重工投资方增资价格=股权估值/增资前大船重工社会资本=2184971.91万元/854000万

元≈2.5585元；最后，增加的社会资本=投资人以债权及现金对大船重工的合计增资额/增资价格=1647800万元/2.5585元≈644049.2476万元，即大船重工的注册资本由854000万元增长到了1498049.2476万元，同时确定了各个参股股东的持股比例。在增资之后，中国重工拿到了超一半的股份，约57.01%，其他的八位投资者则拥有剩下的股份，具体数值如表8-3所示。

表8-3 增资前后大船重工的股权结构

股东名称	增资前		增资后			
	所持注册资本（万元）	持股比例（%）	获得新股东出资（万元）	增资方式	所持注册资本（万元）	持股比例（%）
中国重工	854000	100	不适用	不适用	854000	57.01
中国信达	—	—	315000	债权	123114.203	8.22
中国东方	—	—	200000	债权	78167.7479	5.22
国新基金	—	—	610920.8575	现金	238771.5381	15.94
国调基金	—	—	169225.0775	现金	66139.716	4.42
中国人寿	—	—	152730.2144	现金	59692.8845	3.98
华宝投资	—	—	58648.4023	现金	22922.0676	1.53
招商平安	—	—	53455.575	现金	20892.5095	1.39
国华基金	—	—	87819.8733	现金	34323.4086	2.29
合计	854000	100	1647800	—	1498049.2476	100

2）武船重工。

首先，评级机构对武船重工所有股权的估值是951862.21万元；其次，武船重工投资者的增资价格=股权估值/未增资时武船重工的注册资本=951862.21万元/288900万元≈3.2948元；再次，增资额=投资人以债权及现金对武船重工的合计增资额/增资价格=539000万元/3.2948元≈163591.1133万元，即武船重工增资后资本会从288900万元升到452491.1133万元；最后，按参与者的资本额度确定持股比例，增资后持股最多的是中国重工，大概63.85%，剩下的七位投资者合起来持股36.15%（见表8-4）。

表 8-4　增资前后武船重工的股权结构

股东名称	增资前		增资后			
	所持注册资本（万元）	持股比例（%）	获得新股东出资（万元）	增资方式	所持注册资本（万元）	持股比例（%）
中国重工	288900	100	不适用	不适用	288900	63.85
中国信达	—	—	188400	债权	57181.0125	12.64
国新基金	—	—	189079.1425	债权	57387.138	12.68
国调基金	—	—	52374.9225	现金	15896.2372	3.51
中国人寿	—	—	47269.7856	现金	14346.7845	3.17
华宝投资	—	—	18151.5977	现金	5509.1652	1.22
招商平安	—	—	16544.425	现金	5021.3745	1.11
国华基金	—	—	27180.1267	现金	8249.401	1.82
合计	288900	100	539000	—	452491.1133	100

148.34 亿元现金全部用来偿还企业之前的一些银行贷款，这些贷款大多是利率比较高的银行贷款。

创新的两步计划的第二步：一般情况下，为了保证中国重工的完整资产，以及在生产、销售、知识产权等方面的独立性，经过各个实施机构的商议，最后决定以 5.78 元/股的价格购回股权。为购回该部分资产，中国重工的发行股数=标的资产的估值/发行价格=2196339.97 万元/5.78 元/股≈379989.6142 万股（见表 8-5）。

表 8-5　八家投资机构资产认购股份金额与股数

股东名称	大船重工		武船重工		交易作价校级（万元）	认购股数小计（万股）
	持股比例（%）	交易作价（万元）	持股比例（%）	交易作价（万元）		
中国信达	8.22	317283.74	12.64	187558.84	504842.57	87343.01
中国东方	5.22	201449.99	—	—	201449.99	34852.94
国新基金	15.93	615350.01	12.68	188234.95	803584.96	139028.54
国调基金	4.42	170451.95	3.51	52141.08	222593.03	38510.91
中国人寿	3.98	153837.50	3.17	47058.74	200896.24	34757.14
华宝投资	1.53	59073.60	1.22	18070.55	77144.16	13346.74

续表

股东名称	大船重工		武船重工		交易作价校级（万元）	认购股数小计（万股）
	持股比例（%）	交易作价（万元）	持股比例（%）	交易作价（万元）		
招商平安	1. 39	53843. 13	1. 11	16470. 56	70313. 6832	12165. 00
国华基金	2. 29	88456. 56	1. 82	27058. 77	115515. 34	19985. 35
合计	42. 99	1659746. 48	36. 15	536593. 49	2196339. 97	379989. 63

股权置换后，对上市公司层面的股权而言，共有八家投资机构获得股权。进行第二步之后，它们的股权变化情况如表 8-6 所示。

表 8-6 发行股份购买资产前后股权变化

股东名称	发行股份购买资产前		发行股份购买资产后	
	持股数量（股）	持股比例（%）	持股数量（股）	持股比例（%）
中船重工合计	10394975099	54. 48	无变化	45. 43
大船控股直接	7820577476	40. 99	无变化	34. 18
渤船集团直接	1810936360	9. 49	无变化	7. 92
武船投控直接	511832746	2. 68	无变化	2. 24
其他 A 股公众	8684922009	45. 52	无变化	37. 96
中国信达	—	—	873430059	3. 82
中国东方	—	—	348529396	1. 52
国新基金	—	—	1390285391	6. 08
国调基金	—	—	385109052	11. 68
中国人寿	—	—	347571347	1. 52
华宝投资	—	—	133467396	0. 58
招商平安	—	—	121649970	0. 53
国华基金	—	—	199853524	0. 87
合计	19079897108	100	22879793243	100

2018 年 2 月 12 日，大船重工和武船重工对所购买的资产进行了过户登记；2018 年 3 月，中国重工对新增股份进行登记，这意味着两阶段的债转股方案完成。

2. 退出机制

股权转让之后，执行机构可在目标企业通过分红正常经营后盈利，也可寻求适当时间通过转移自有资本实现退出（朱晓林，2018）。由于投资机构所购回的股份在发行之日起的36个月内不得转让，因此在不得转让的期限结束之后，可以根据具体的情况决定是否继续持有这些股份。

3. 实施效果

基于债转股的整体实施效果可以看到，项目在实施过程中及实施之后均对中国重工的生产情况及财务情况进行了改善。最明显的一点就是，中国重工的偿还能力与盈利能力明显好转，其所面临的一些金融风险逐渐消失：这次债转股之后，中国重工的有息负债减少了218.68亿元，总债务规模减少了11.52%，节省年利息支出约8.81亿元，资产负债率同步减少了11.39%，改善了高杠杆率及财务资金流负担较重的问题。另外，实施这个债转股项目之后，中国重工的行动结构更加多元化，股东种类越来越多，公司有了更多的经营理念，可以更好地促进公司的日常经营。此外，实施该债转股项目也让企业的价值大幅提升了约9.436%，新股东会在锁定期结束之后继续考虑持有中国重工的股份。通过此次中国重工的债转股项目发现，股东一般会对企业进行债转股这个行为持积极的态度，在实施债转股项目之后，中国重工的投资价值提升了26.79亿元。

三、分析与启示

为了减少全球金融危机对中国经济的不良影响，2009年中国启动了四万亿计划，导致债务水平直线上升（范丽红，2017）。基于中国社科院金融与发展国家实验室发布的具体数据可以看到，2016年我国金融类企业的杠杆率为153.2%，接近2008年（98.1%）的两倍。非金融类的一些公司因为整体市场经济的衰退，它们的负债率一直增长，对企业的日常运营产生了负面作用。抱着使企业业务正常运行的目的，国家要求企业向一些金融机构借款，债务比率继续上升，在市场经济不断衰退的背景下，民族重工业难以独善其身。从我国重工业的净利润水平来看，在债转股项目实施前，2016年我国重工业净利润水平比2011年减少了99.26%，其中2015年的净利润一度达到负值。与2015年相比，2016年中国重工的调整主要是为了响应国家积极降低产能和库存的号召，但形势不容乐观，总体上仍呈现下降趋势。

中国重工所在的造船业属于周期性行业，容易被外界因素影响。金融危机爆发之后，市场对新船的需求较少，航运公司的新订单数量少之又少，造船行业的相关指标一直在下降。在这样的大背景下，造船业总体的资产负债率保持在七成左右。此次债转股项目实施前，中国重工的负债总额超过1000亿元，资产负债率达到80%，中国重工的负债规模越来越大，从2011年的1323亿元上升到2015年的1492亿元，同时在2011~2016年它的资产负债率持续高于行业平均水平，母公司减负债、去杠杆的压力相对较大。短期来看，中国重工参与债转股是为了缩小债务规模，改善当前持续亏损的状况。然而，从长期来说，实施债转股能够向企业注入越来越多的活力，促进企业健康发展。实施该项目能够节省较多的利息支出，提高公司的资金流动性水平，为企业提供更多的技术研发资金，提高竞争力，增加船东的信心，以此获得更多的订单，最终形成良性循环。

对最初的债权人中船财务而言，首先，中国重工所承担的债务压力十分繁重，企业的运作也很艰难。如果中国证券监督管理委员会不及时采取防范措施，久而久之企业会增加更多的债务风险，以后可能会面临更大的困难。其次，中船财务不能进行股权投资及债务转换，因此当一些成员单位面临困难时，可以将其债权转让给经验丰富的投资机构，这样一方面可以降低自身债务风险并促进成员单位持续发展，另一方面可以为以后吸收更多存款打好基础。

对投资机构而言，第一，中国重工是造船业的龙头企业，它是紧密联系国家安全的一项重大事业，实施债转股可以改善公司的经营状况，进一步提升产能，因此投资机构会选择在优化我国重工业发展前景的前提下进行增资，期望在企业未来的发展中获得巨额利润。第二，中国重工提供了合理的证券交易所价格和退出渠道，保证了参与者的利益，上市公司股票的流动性能够吸引更多的投资者参与投资，如果退出渠道不完善，这些投资者会降低参与投资的意愿。依靠此次债转股项目，中国重工共减少有息负债218.68亿元，约占总额的35.7%，这部分债务大多是标的公司以前的贷款，普遍存在利率高的特点。在这次债转股项目中，中国重工共为八家投资机构发行了38亿股股票（每股5.78元），股债转换比例是1.0044：1，表明1000万元的债权可转成1004.4万元的股份。中国重工具有广阔的发展前景与良好的信誉，当前由于周期性因素遇到了暂时的困难，因此它的股债转换比例比较低，得到了多家相关投资机构的认可。

与最初的债转股计划不同，中国重工开创了两阶段的模式，它的优势十分明显：公司可以更快、更通畅地获取资金，更高效地减轻债务，这种方式首先是投资者注入资金，这一步骤只需要投资者和转股企业在没有中国证券监督管理委员会严格审批的情况下进行谈判和审核就可以完成。投资者的注资不但可解决债务问题，还可以促进现金流的流动，提高公司的运营效率。除此之外，确保公司不限于20%的规模和18个月的范围：在债转股项目启动前，中国重工公开发行股票，发行期限为18个月，因此2017年不能再采用这种方式融资，这严重阻碍了项目实施进度。

中国重工集团公司是中央企业的上市公司，具有以下优势：一是上市公司比其他未上市公司更加透明，信息不对称程度相对较低。投资者可以根据披露的信息分析判断是否具有发展潜力，从而减少谈判和研究过程。二是对上市公司来说，退出渠道比较方便，股东可以在锁定期期满之后，选择变现现金来解决“社会资本难以提取”的问题。中国重工实施该项目的都是未上市公司，如果债转股仅在非注册子公司层面进行，那么投资者出于退出渠道困难的考虑将不愿意参与。在该项目下，中国重工收购子公司资本金，使投资者获得上市公司股权，显著提高股票的流动性，使参与者投资意愿得到提高。三是整体的议价机制有一定保障。作为上市公司，其股价比较容易评估，在股份转换过程中，有关各方估值与股份转换价格之间存在差异的可能性较低。

中国重工实施债转股项目的市场化主要表现在：第一，选择主体的商业化。不受政府干预，拟参与该项目的双方在两个方面做出了选择。一方面是深入考虑中国重工自身的资金转移经验、资金实力和业务类别，另一方面是意向投资机构承诺，本项目选择了中国重工八家不同类型的投资机构和两家优质子公司作为实施机构的主要对象，经过一系列的自由选择，达成了最后的目的。第二，方案设计的商业化。这次中国重工没有采用之前一步到位的债转股方案，经过协商，创新性地提出了新的两步模式，这不仅促进了我国重工业的负债减轻，还保证了资本与股东退出渠道的畅通。第三，定价策略。投资机构与企业会一致进行债权的定价，双方同意参考股票二级市场的价格，同时进一步降价10%，秉承公平的原则共同解决价格问题。对拥有一定资本的子公司而言，可以采用“资本替代”的策略加快自有资金流动，为投资者在未来关闭期届满后退出企业提供合理渠道。

从市场化的角度来看，中国重工在股权互换过程中其选题、方案制定、转换

价格、资本退出等行为具有一定参考价值。在选择专题的时候，项目的各个参与方都会进行同行审查和调查，选择双向选举。关于方案的制定，各方已按照承诺的条款和条件及参与机构的性质行事。通过沟通和反复谈判，公司创新性地提出了新的资本互换模式，取得了双赢的局面。关于股权互换价格，投资机构与企业一致认为可以利用评估机构及二级市场所提供的评估结果进行估价，对于自有资金的提取，可利用“将子公司股权置换为上市公司股权”的策略，为投资者在未来封闭期届满后的股权退出提供合理渠道。

第九章　关于市场化债转股的政策建议

第一节　明确政府在债转股运作中的行为准则

一、加快转变市场化债转股中政府职能及角色

国务院发布的《关于积极稳妥降低企业杠杆率的意见》（以下简称《意见》）中指出，在遵循“市场化、法治化”原则的前提下，采取政府引导与市场化运作相结合，对具备条件的企业开展市场化债转股。在本次市场化债转股中政府的职能主要是提供政策支持和指导、对企业和市场进行规范和监管，履行国有资产出资人的职责，不会对实施债转股的具体企业、债转股资金的筹集方式、债转股定价及股东权利等提出实施细则。相关市场主体需要自己进行决策，面临的风险需要自己承担，获得的收益可以独享，政府不会承担相应损失，但会负责整体组织协调，营造良好的市场氛围。

不同于我国20世纪90年代末实施的政策性债转股，“市场运作，政策引导”是本轮债转股应当坚持的原则，发挥政府地方的引领带头作用，政府要更好地制定规则、引导秩序，既要防止债转股在其他地方开展，如债券银行、实施机构和债转股对象企业，又要避免政府对各级债转股市场进行过多的干涉。作为国有企业的出资人，政府应当明确自身特殊的身份地位，在国有企业进行债转股时，依法行使权利，表达权益诉求，真正做到有所为、有所不为。为了给新一轮市场化

债转股项目的顺利进行提供良好的环境，政府应该从以下几个方面入手：首先，认清各级政府的工作范围及工作目标，做到“七个不”：一是涉及债转股市场主体的相关具体事宜，政府不进行干涉；二是不制定转股企业具体名单；三是不会强制银行进行债转股；四是政府不对转股债权加以指定；五是不设置转股要求、定价要求；六是股东可以自主行使权力，政府不会干预；七是债转股企业拥有自主经营的权利，政府不加以干涉。其次，以《意见》中提到的债转股企业选择的原则为依据，向银行和资产管理公司提供负面清单和正面清单，以供银行和资产管理公司自主选择，降低调查债转股企业信用等状况的成本及信息不对称程度。有一些企业未来有着巨大的发展潜力，但当下可能面临财务等方面的困难，政府应支持这类企业进行债转股。最后，政府需重点关注并监督可能出现的一些道德风险问题，如有的企业或者地方政府出于社会稳定或者其他方面的考虑，可能会损害债权人的利益，甚至帮助企业逃废债。

二、明确市场化债转股目标及定位

与20世纪90年代末的债转股相比，此次债转股更强调要依据“法治化原则、市场化方式”开展工作。市场化的特点是：市场作为主体，可以主导市场中的资源进行合理有效的分配，市场中的债转股企业需要在面对市场中的变化时有选择的权利，依据市场进行定价，以便发生困难时可以顺利退出。本次债转股的主要目的是配合供给侧结构性改革，推动国有企业改革，让国有企业建立现代化的企业制度。债转股看起来能够降低不良贷款率、去杠杆，实际上只是保持宏观经济平稳、稳定就业的一个重要举措。

首先，政府应该全面分析20世纪90年代末我国债转股所面临的经济、政治、行业等外部环境，以及债转股企业的内部环境，重点突出上一轮债转股的目的和业务重点；其次，与本轮债转股所处的宏微观环境进行对比，明确新时代下债转股提出的现实背景、服务主体及实施目标，对市场化进行充分理解；最后，在国务院制定的债转股宏观目标及长期目标的基础上，明确我国债转股所处阶段、实施基础及可利用资源，设定债转股短期目标、中期目标和长期目标，确保各阶段循序渐进、相互补充、相互支撑。在微观方面，促进我国市场化债转股项目良好发展，对于具有发展潜力但杠杆率高的优质企业，优化其资本结构，降低财务风险，改善治理与经营。在宏观方面，降低实体部门杠杆率，防止企业负债过度导致的系统性债务风险，推动国家经济又好又快发展。

因此，在开展债转股项目的前期，应当采取合理、均衡的指标对企业进行深入、充分的考量，严格判断其是否满足债转股的具体要求，特别是那些自身实力较强，能够合理盘活资产，具备可持续经营能力的企业。在对债转股对象企业进行评估时，采取能够对企业整体发展运行状况进行合理衡量的会计指标，如目标资产负债率、目标市盈率、目标净利润、环比（同比）增长率等。这些企业既涉及基建及与国家安全有关的资本密集型行业，也涉及科技含量高，具有良好发展前景且能够对未来社会发展起到引导带头作用的高新技术行业。前者需要长期稳定的资金流来保障基础设施建设工程的正常运行，需要一定量的固定资产作为发展的保障；后者相较于其他行业具备自身核心竞争优势，在对核心技术进行研究开发时，需要周期性的资金作为基本保障。在对债转股的对象企业进行考察衡量时，应当把企业自身主营业务的周期性及所处行业的总体特点纳入考虑范围，以其专门的指标鼓励企业自主良性管理，拥有更好的发展空间。

三、强化债转股政策扶持手段的连贯性

在债转股实施过程当中，行政手段作为主要的有效措施，可以指导债转股的运作，特别是在选择转股企业、转股金额比例的确定、相关转股价格的确定等方面。但是，信息效率低下导致的信息不对称现象，交易过程中的利益冲突，交易方之间存在的博弈行为，会对市场化运作中的退出机制产生巨大的阻碍作用。政策制定过程是十分复杂的过程，整个作用机制的设计者及制度的使用者需要不断合作博弈，最终实现纳什均衡。因而，在整个过程中，机制的完善性至关重要，需要双方完美协调从而达到理想效果。优化债转股股权运作阶段的政策扶持环境，最终实现债转股利益相关者互动博弈的纳什均衡，使债转股政策能够起到适应企业发展的目的。

一方面，参照首轮债转股，相关政策应该规定债转股运作主体是资产管理公司，将其所持有的企业股权进行分类，如根据企业所属行业，债转股过程中需要的贷款质量等。对债转股运作阶段的企业治理结构进行优化后，资产管理公司选择对资产进行处置，采取的运作措施多种多样，一开始只是短期持股，后来变为第三者长期持股，公司的整体治理体系更加规范。另一方面，对国有企业的未来经营情况有一定的预期作用，可规定财政和社会负担债转股过程中股权转让的市

场定价与其账面值的差额，由于无法避免这一改革成本，因此承担债转股的最终责任非国家财政莫属。此外，股权回购方面的条款已经不复存在，但国家仍鼓励非竞争性领域的债转股企业在一定时期内以市场价回购自己的股份，也可以对产权交易市场进行改组重建，目的是使市场流动性大大加强。

四、保障债转股市场化机制

债转股制度将市场化作为基本原则，能够对自主选择和多样选择的标准进行合理保障，充分确保交易主体之间的平等地位，交易各方能够通过协商等手段对交易细节进行具体规范，最终达到最优的交易结构。

首先，在债转股主体范围方面，应具体界定可实施债转股的金融资产管理公司范围，同时在法律层面对符合条件的银行所属机构的界限作出解释。在对债转股企业进行选择时，以“禁止性”法律规范为主要判别标准，除法律规定的禁止进行债转股的企业类型外，其他达到债转股具体要求的企业都可以进行债转股，并且当市场环境发生变化时，规定的条件也应当随之进行合理统一的调整。

其次，在债转股的定价机制方面，应摒弃上一轮债转股中“必须按照债权价值原值回购”“非财政部批准不可进行折价回购或溢价回购”两个限定条件。建立健全债转股债权价值自由协商制度，完善债权评估体系，在具体实施债转股时，应当将律师事务所或会计师事务所等第三方评估机构出具的相应评估报告作为重要依据。

再次，在债转股资金来源方面，在新一轮债转股推进过程中，尽管银行所属机构、保险资产管理机构及国有资本投资运营公司被纳入主体范围，但大多数机构仍然属于国有性质，社会投资者及民间资本参与较少。因此，政府应该以市场化原则为起点，以健全、完善债转股相关法律为着手点，拓宽债转股资金来源的渠道范围，降低社会资本及外国资本参与处置不良资产的限制标准，尽可能实现债转股效益的最大化。

最后，债转股方案的完美结局是债权人顺利地从转股公司中退出。我国政府发布的有关转股公司的具体要求如下：公司必须具备良好的发展前景，存在的债务压力在短时间内，对其经营管理决策改善之后公司能够正常产生利润。如果转股企业标的不合理，企业的生产经营状况在实施债转股方案之后仍旧没有任何好转，那么该企业的债务人就面临着很大的财务风险。因此，债务人是否能够顺利地退出和该企业的后期具体发展情况两者之间存在着一定程度的相关性。只有后期发展状况良好的企业才能够吸引更多的第三方来接手。因此，为了对企业债转股之后的长期稳健发展进行保障，债权人务必要保证企业在债转股过程中存在严格、透明、公正的管理监督机制。这样一旦企业发生亏损，债权人能够顺利并及时地从该企业中全身而退，将自己的投资风险降到最低。

总之，无论是在市场化债转股标的资产及投资者的选择上，还是在设计定价机制及股权退出机制方面，市场化双向选择都是应当坚持的原则。例如，一对一进行路演，对行业整体发展状况及该公司目前的发展状况和未来的发展预期进行积极合理的描述，通过市场化谈判相互理解和认可，进而公平、公正地筛选出战略投资者。又如，在定价机制方面运用多种市场化定价方式，如果具备成熟的交易市场，那么该市场的交易平均价格就能够作为参考的标准，而不具备成熟交易市场的则可以采取聘请第三方评估机构的方式来对其进行合理的估值，严格遵守相应的法律法规，并引入竞争性谈判等。通过完善、优化相关制度法规的方式来确保企业债转股之后战略投资者的监督权的有效实行，进而提升企业经营管理的能力，促进国有企业的管理体制改革，为债转股的顺利开展提供保障。

第二节　调动各方参与机构实施债转股的积极性

一、调动债转股实施机构积极性

债转股实施机构准确把握国家政策导向，抢抓机遇，勇于创新，积极探索并开展债转股业务。目前，债转股在实施机构的主导下已经取得了一定的成绩，但在实践探索中，仍面临主体地位不明确、资金来源不足等问题。

国有企业是参与市场债转股的主力军，其主要通过行政手段进行管理层的人事调动，因此虽然许多 AMC 持有企业股票，但无法真正拥有管理权。政府主要通过行政手段干预国企事务，国企与政府之间联系密切，为了增强国企的一定独立性，可以以出资额为依据，体现其对应的管理权大小。避免政府过多的行政干预可以改进企业未来的管理方式，使各个方面的效率提高。

为进一步调动实施机构的积极性，首先，政府应该制定相应的文件，明确AMC 债转股实施机构的主体地位，充分发挥其独立性、专业性优势，扩大其市场化债转股的能动性，使其更好地服务市场化债转股。其次，拓宽地方 AMC 融资渠道。地方 AMC 未获得金融牌照，融资渠道单一，如何获得持续、稳定、低成本的资金来源显得尤为迫切，建议中国人民银行安排再贷款形式的资金，专门用于地方 AMC 开展市场化债转股业务，并允许地方 AMC 在银行间市场开立账户，参与同业拆借市场，参与投资不良资产证券化产品。政府可向资产管理公司提供一定的贴息补助，补足买卖双方基于市场所形成定价的价格差。再次，签订债转股协议可以赋予银行权利，也可以对企业提出要求。比如，同意银行进行股份回售，企业必须进行强制性的分红，企业管理层的薪酬不能增长过快等，企业通过这些条款能够提高回购的积极性。最后，根据《市场化银行债权转股权专项债券发行指引》，符合条件的相关机构可以发行用于债转股的金融债券，发行用于债转股的企业债券。此外，政府部门可适当简化审批程序，鼓励市场化债转股实施机构通过此种方式获得资金支持，从而降低经营风险，增强企业创新能力，有效促进实施债转股的机构做大、做强。另外，政府要加强考核，完善考核机制，促使债转股有序高效进行，并对 AMC 实施硬约束，促使更多 AMC 自发参与企业的经营管理与监督，同时一些经营业绩好、效益高的企业还会有奖励，还会对绩效较差的机构进行惩罚，打破原有的统一分配制度，从而利用利益考核的方式提高 AMC 的经营效率。

二、调动债转股对象企业积极性

在本次债转股实施中，银行严禁直接将债权转为股权。银行在实行债转股时，应当将实施机构作为媒介来进行债权的转让，通过这些机构再将债权转移至债转股对象企业。从委托—代理理论的角度来看，这相当于银行与企业之间产生了委托代理关系。因此，在市场化债转股中，应重视委托代理关系中的激励机制、约束机制、监管机制，健全相关制度，这是此次市场化债转股能否顺利进行的关键。

对于如何调动债转股对象企业积极性的问题，首先，在竞争机构方面应采取竞争的态度。资产与普通消费商品差异很大，资产价格由预期利润率、资产增值等决定，如果债转股对象企业暴露于风险状况下，股权定价便会产生巨大的波动，甚至导致与其本来的市场价格差距更大。对政府和银行来说，预估准确的转让价格和资产回收率十分困难，这时就要引入竞争机制，采取竞标等手段，设置股权定价、资产回收率、时间等指标，经过重重筛选，敲定实施机构，保证竞争机制公平、公正。其次，债权转股权的股权性质可以从法律层面进行限制，进而保护转股对象企业原有股东的股权效力，消除股东对股权结构变动方面的担忧。再次，国务院印发的《关于市场化银行债权转股权的指导意见》指出，符合条件的债转股企业可按规定享受企业重组相关税收优惠政策。当下债转股实施后并没有相应的税收政策与之配套，地方政府应尽快将税收优惠等政策的制定提上日程，加大财政方面的支持。最后，如果某企业拥有债转股业务，那么可以在工商变更等方面给予一些便利，审批债转股相关业务时提高效率，避免一些冗杂的审批程序导致转股各方产生不便，影响转股进程。鉴于此，债转股对象企业将获得更多激励，也会有一些压力，但最终会形成银行、债转股对象企业、实施机构“三赢”的场景。

三、调动债转股银行积极性

首先，应重点考虑一些企业债转股之后股东的权益如何保障，构建保护机制。可以通过完善公司的法律体系来达到一定的目的，对于通过债转股成为公司股东的，给予一定的制度保护，完善相关细则，从而确保银行持股的权益得到充分保障。其次，搭建资产管理公司与银行之间合作的桥梁，促进双方的长期合作。政府成为资产管理公司与债权银行合作的媒介，充分考虑债权银行、债务企业老股东和实施机构之间的利益关系，特别是如何平衡企业重组后的估值溢价，积极带动银行主动进行债转股，并且通过制度的制定，最终实现共享收益，共担风险。通过合理促成资产管理公司与商业银行达成“总对总”的合作协议，设立协商实施机构，共同参与对债转股企业的开发和运作。再次，如果有必要，政府可通过中央银行实施一些货币政策，降低法定存款准备金率及同业拆借利率，缓解银行债转股后资金流动性不足的风险，从而提升银行借助全资资产管理公司实施债转股的参与度。最后，政府通过发行特别国债，设立专项基金、产业基金，以及其他方式筹集专项资金，并将其注入银行债转股资产管理公司，或投资其发起设立的债转股母基金，有效撬动和吸引社会资本参与其中，提高银行实施债转股的积极性。

第三节　完善债转股市场化运作体系

一、建立市场化现代金融制度

债转股的制度基础是现代金融制度。市场主导的银行和企业间的债权债务关系是金融制度的核心，政府在此过程中的任务是披露国有商业银行资产质量、经营管理状况等重大信息，建立健全相关制度。

综观债转股整个过程，从资本关系角度来说，资产管理公司和国有商业银行是独立的两个机构，但两者需要通过合作产生某些利益关系。债转股使银行和资产管理公司获得一些公司的控股权，这些公司的经营业绩与银行的收益息息相关，为了获得一定收益，商业银行希望通过债转股方式帮助企业实现盈利，减少市场中的危机。相比之下，资产管理公司在债转股过程中扮演的角色更像是投资银行，它们更看重股权的价值，对股权进行保值增值，更可能在获得利益之后退出债转股，从而与债转股的最终目标相适应。在这个过程当中，银行及企业作为市场主体，两者之间的关系更加明晰，特别是债权债务关系得到加强，这符合现代金融制度的发展。

现代化的金融制度构建离不开金融中介机构的加入与协助，为了促进债转股业务顺利完成，应当保证整个运作体系的专业化，完善金融中介服务，建设高效的专业金融服务团队，积极解决公司在债转股过程中面临的一系列问题，并在后续过程中协助公司进行治理、经营。价格的合理性是保证债转股顺利进行的关键，其中债券价格和股权价格的制定，应当保持公正、公平、合理的态度，在对企业资产进行评估、对资产变现及变现难易程度充分考虑后制定价格。价格大致定好以后，应当由符合评定资格的评估机构对相关债转股政策进行认真分析，按照独立性、公平性、客观性的原则，出具报告书，当价格确定之后，各个债转股的参与主体对出资比例及债转股价格进行最终商定。除了要对债转股价格进行评定，企业的后续经营、面临的各方面风险也需要通过金融中介机构进行评估。金融中介机构拥有丰富的经验，专业性强，能够为实施机构提供有效帮助，使企业的债转股过程顺利完成，也能在后续经营上获得更多收益，避免企业面临过多政府干预。

除此之外，债转股会面临风险，保险公司的加入会使企业风险得到转移，促使债转股过程更加顺利，保障各个参与者的利益。资产管理公司作为股权的增值保值者，先根据该项目获得中长期资金的保证，评估该项目是否可以成功，再与保险公司进行深入合作，保障债转股项目的及时兑付，在回购中获得收益。在项目成立初期，企业选择投保，向保险公司缴纳保费，项目完成之后企业的实际盈利水平可能小于预期，甚至还有更为不利的情况，企业经营状况极差，濒临破产。保险公司可以对资产管理公司的损失进行一定比例赔偿或者进行资金支持，帮助企业渡过难关，保障退出过程中的资金安全。

二、培育债转股市场创新体系

鉴于债转股的实践经验，实施市场化债转股尽管有众多方式方法，但最根本的还是坚持创新的基本原则，通过不断创新寻找市场结合点，实现各方共赢。一般情况下，需要在合作理念、股权模式、政策联动机制、合作与交流平台人才队伍建设、风险管理等方面实现突破，在实践过程中积极推进债转股市场创新体系的建立。一是创新合作理念，强化合作共赢、长远发展的共识。政府、行业主管部门、转股企业与资产公司互相尊重，互利共赢。资产公司虽然不进行企业经营管理，但是其持有的股东权利需要强有力的保障。资产公司也要积极履行投资人的职责，将股东权利发挥到最大限度，促使企业逐步建立起较为完善的现代企业制度。二是创新银行参与债转股的股权管理模式。直接管理模式，即银行通过内设部门进行管理。间接管理模式，即银行主要通过控股子公司进行管理。专营机构管理模式，即行业协会牵头，各家银行联合成立股权投资基金，通过股权投资基金管理企业。三是完善层级联动创新模式。政府充当带头人，联合资产管理公司、各股东，与各债权银行及其他债权人，定期或不定期地分析解决企业经营与管理发展过程中存在的重大问题，达成一致意见。四是搭建开放式债转股创新合作与交流平台。促进债转股创新资源、能力、信息在更大范围和更高层次上聚集。强化与金融同业、律师事务所、资产评估公司等专业机构的创新合作，共享创新资源。五是加强债转股创新人才队伍建设，通过组织相关人员到省内外进行调研、交流及学习，了解和掌握债转股最前沿的创新动态。提升债转股政策研究

人员的素质和创新能力。六是进一步完善债转股创新风险、内控管理工作机制。常态化开展债转股风险评估、资本评估和合规性审查，通过评估促进债转股实施方案的改进和优化。

我国国有企业的债务是增加商业银行相关机构在对债转股对象企业进行选择时，需要重点考虑国有企业，防止债务风险集中爆发。我国供给侧结构性改革持续深入，去杠杆作为供给侧结构性改革的重要任务，需要我们不遗余力地去完成。由于民营企业的债务压力过重，有些出现违约，因此银行在选择目标企业时还要充分考虑这部分民营企业。深入分析已经完成的债转股项目之后我们发现，在企业性质方面，绝大多数企业为国有企业，并且它们几乎都有高达65%的资产负债率；在行业方面，这些企业以周期性行业为主，有煤炭、钢铁、建筑、有色金属等行业。目前，我们国家的市场化债转股正在持续推进，为了顺应时代的发展，应当加强对高科技企业的支持，增添经济活力。

三、建立多元化债转股市场推行机制

市场化债转股需建立市场化推行机制，该机制包括双动力（政府与市场）、多主体（中央及地方政府、企业、商业银行和其他主体等）、多维度（政策、信息、理念、网络等）。市场化债转股的政策目标和对象选择与首轮债转股相比发生了较大差异，因此此次债转股应该遵循多元化原则。首先，政府应该通过相关条例规定，商业银行、投资银行、金融资产管理公司、基金公司、保险公司、合格境外机构投资者等作为资本市场主要成员，可以参与市场化债转股。其次，政府可作为引导者，促进多元化市场参与主体资金投入，未来盈利的分配原则、比例、流程细则等的建立。再次，根据2017年债转股的相关文件，“债转股要与企业兼并重组结合起来，打组合拳”的精神多次得到体现，去杠杆和去产能应当结合起来共同发挥作用。然而，在实际中，杠杆水平高不单单是因为企业存在着以全球经济周期为背景的结构性问题，还因为国有企业在治理的过程中存在结构不完善的问题。在开展债转股的过程中，很多问题都是由国有企业治理结构不完善导致的。基于此现状，在实施机构开展债转股工作之后，建议其向民间的战略投资者转让自身所持有的股份，执行价格以市场价为准，同行业民营企业参与转让自身所持的股份应该得到提倡。煤炭、钢铁等行业中的民营企业往往比同行业中的国有企业具备更高的经济效益，这样不同的实施机构本身的专业能力不同所带

来的问题就能够得到很好的规避，管理方面的优势就能够得到充分的发挥。从某个角度来看，由于实施机构本身与企业的收益之间并不存在十分紧密的联系，因此民间资本所追求的收益率往往要高于实施机构所追求的收益率。在这个前提条件下，民间资本在国企改革中的参与度和积极度往往更高，更会竭尽所能地盘活所改革的企业。当然，由于新股发行和债务规模的限制，民间资本往往达不到控股的标准，具有一定的局限性，这也从侧面反映出采用债转股的方式推动国企混改并不会使国有资产流失。政府部门将国企混改和落实股东权利作为当前的首要目标之后，民间的战略投资者自然不会忽视这一重大举措。为了鼓励第一批民间资本进行投资，政府部门可以适当采取一些有利的政策手段，获得初步成效之后，其他民间资本会自然而然地跟进投资的脚步。最后，从当前经济政策结构来说，政府制定的债转股政策要与多层次资本市场改革、利率市场化改革、培育发展新产业和基础设施建设等措施相结合，进而形成政策上的合力。只有让商业银行及其他市场主体对潜在债转股对象企业的未来盈利具备十足的信念，多元主体在市场化债转股中达成均衡，以及正确认识债转股政策的作用，多项政策配合才能有效促进市场化债转股的广泛推行。

第四节　深化市场化债转股管理机制

一、合理设定债转股的规模和比例

在实际执行过程中，一般都会设定一个适当的市场化债转股比例，对于该比例的设定，一些国家会通过相关法律法规来进行规定。就我国目前情况来看，银行业的一些监管指标处于合理的范围，尚未触及系统性金融风险，实施大范围的债转股并没有必要。实施市场化债转股一方面要贯彻落实供给侧结构性改革，实现去杠杆、去库存；另一方面要考虑可能面临的道德风险和银行的承受能力。这时候国外的已有经验将会是一个重要参考，有助于全方位、多角度地设定债转股的规模和比例。第一，设定好整个银行体系的债转股比例。在这方面应当密切关注银行业的总资产情况，对该比例上限进行设定，同时要及时掌握国家宏观政策

调控和经济发展的动态调整状况，防止市场化债转股对银行产生负面效应。通过研究国外经验不难发现，对全部不良贷款的30%进行债转股是比较合适的比例。第二，需要清楚银行个体的债转股比例。各家银行会对其风险管控能力、资本充足率、不良贷款处置情况等进行公布，并且有详尽的分析，可依据这些因素对本银行的债转股比例进行设定。近年来，我国商业银行的资产状况十分严峻，不良贷款率逐年攀升。这引起了商业银行的重视，促使其加大了清收及处置不良资产的力度。商业银行拥有许多处置不良资产的手段，如加快坏账核销、现金清收、批量转让、债务重组、发行不良资产证券化产品等，也可以依靠市场化债转股来进行处置。逆向选择和道德风险的存在，导致某些经营状况堪忧的企业为了逃避废债选择进行债转股。风险控制是银行任务的重中之重，商业银行必须依照企业发展情况、债权类型等因素对债转股比例进行确定。根据以前国际上以债转股的方式对银行不良资产进行处置的情况，相对适宜的比例是债转股占到整个商业银行不良贷款总额的30%左右，商业银行和单个企业的债转股比例需要处于合理的区间。从波兰、日本等国的经验可以发现，商业银行持有企业股权的比例不应超过10%。第三，需要清楚企业个体的债转股比例。对企业个体的不良贷款部分银行实行债转股，这需要银行和企业进行协商，制定出债转股的具体比例。这种方式一方面可以防止逆向选择和债转股中道德风险的发生；另一方面可以提高企业内部治理的积极性，帮助企业实现更好的经营。

在当下的市场化债转股中，正常类贷款是市场化债转股进行债权转让的主要形式，1∶1是银行所属实施机构对债权进行定价的比例。在本轮债转股中，国有企业作为市场化债转股十分重要的对象，依据商业银行的贷款分类，国有企业的主要贷款种类分为正常类贷款和关注类贷款。在国有企业的运行过程中，地方政府往往扮演着比较重要的角色，为国有企业提供了隐性担保。这些企业有较大的贷款额度，贷款的增速也比较快。这些企业能够准时地对贷款进行还本付息，在银行贷款时也会有一定的抵押品作为担保。商业银行以盈利性经营原则，在债权转让方面，商业银行的意愿比较低。在我国，有些国有企业资产负债率比较高，通常处于经营状况差、盈利能力不足的状况，为了贯彻政府监管要求，此类企业通常会采用借新还旧和借短贷长的方式进行还本付息，其中大部分贷款都属于不良贷款。在商业银行账面上它们属于正常类贷款，这类贷款一经转让，将按照1∶1的定价比例转让给实施机构，这将极大地削弱实施机构的积极性。面临债权为不良债权的情况，一些政策缺少商业银行债权打折的要求，这会对债转股进程起到阻碍作用。

相关政府要加大宣传力度，指导相关债权银行，让债权银行主动参与债转股，享受债转股带来的回报。央行及国家金融监督管理总局要做好银行的考核工作，积极构建商业银行的监管体系和考核框架，适当降低对不良贷款的考核要求，使不良贷款能够尽快暴露出来，从而增强对不良贷款的处置力度，完善不良资产的打折政策。商业银行需要重新评定转股债权的类型，将不良贷款低价转让，提高不良资产的定价能力。当单家企业的贷款存在对应数家商业银行债权的情况时，商业银行要积极组建债委会，重点商议债权定价问题，积极推进问题解决。

当前，我国商业银行不良贷款率不断攀升，面对此种局面，商业银行通过多种方式进行应对，不断增强不良贷款的清收和处置力度。我国商业银行具备很多处置不良资产的方式方法，包括加快坏账核销、现金清收、批量转让、债务重组、发行不良资产证券化产品等，市场化债转股也是商业银行处置不良资产的一种方式。企业会面临逆向选择和道德风险，它们会对企业产生不利影响，迫使一些经营困难的企业借助债转股的方式逃离废债。商业银行在对债转股比例进行确定时，应该考虑到企业发展情况、债权类型等因素，将企业面临的风险尽可能降至最小乃至消除。不难看出，各国通过开展债转股处理银行不良资产时，最适宜的债转股比例是债转股占整个商业银行不良贷款总额的30%左右，债转股时将商业银行和单个企业的债转股比例控制在合理的范围内，有助于债转股工作的顺利进行。

二、创新转股企业再融资工具

债转股实际上是将企业的短期债务转变为长期债务，如果债转股之后没有可行的再融资工具，那么企业的持续经营及不良债务问题就无法从根本上解决。因此，必须创新转股企业的再融资工具。

首先，努力完善转股企业股份转让系统，更好地服务企业，积极构建小额、快速、灵活、多元的投融资机制，对于债转股企业股份转让系统的一些挂牌企业制度要研究透彻。拓展企业的股权融资渠道，激活股权、股本投资，从根本上降低企业杠杆率。其次，积极规范债转股企业的区域性股权市场，促使其快速发

展，加快区域性股权市场运营模式和服务方式创新的步伐，增强企业融资效率，为债转股企业提供良好的再融资环境。再次，可挖掘新模式，如私募股权投资基金等第三方机构将更多社会资本和民间资本吸收进来，提供资金支持，帮助企业进行债务重组。最后，努力探索，找寻财政资金使用的新渠道，其中产业投资基金起到重要的引领作用，使各类股权类受托管理资金的发展更加规范，在有效监管的大力协助下，积极运用股债结合、投贷联动和夹层融资工具支持债转股企业的再融资及后续经营。

三、建立债转股各方交流互动平台

为使债转股更广泛地服务于需要进行降产能、降杠杆等有潜在价值、出现暂时困难的企业，政府一方面可建立债转股促进协会，该协会可组织邀请国内外债转股实施较成功的资产管理公司、债转股对象企业、银行金融机构及有债转股实施意向的企业，举办以座谈、专业知识讲座、典型案例学习、论坛交流等形式为主的债转股实施经验交流会，了解债转股实施条件、实施流程和实施方案，促使企业明确自身的实施基础、实施共性及区别。通过现场分享和交流扩大债转股在企业中的影响力，并增加有债转股实施意向的实施机构的转股信心，进一步扩大债转股实施范围。另一方面政府可不定期地举办债转股项目各方磋商洽谈会，通过面对面协商建议，了解各方需求及关注点，减少政府、债转股实施机构、债转股对象企业及债转股银行之间的信息不对称问题，简化政府部门参与的行政流程，解决债转股相关配套政策的滞后性，促进债转股项目的顺利签订和落地。

政府出面调节可适当解决从银行剥离企业债务到债转股企业股权退出整个过程中存在的不同层面的协调难题，有效平衡各方之间的关系，找到利益共同点，促进优势资源对接，增加债转股项目的实施数量，提高债转股签约率及落地程度，促进市场化债转股的规模化发展。

四、完善债转股各方信息披露机制

为防止市场化债转股各方出现违约或违规情况，营造良好的市场化债转股环境，首先，应当不断增强政策方面的沟通与协调，加强信息披露，提高信息传递效率，强化研判预警机制，有效防范风险。其次，应采取措施对市场化债转股相关主体的信用加以约束，对债转股相关企业和机构及其法定代表人、高级管理人员的信用状况加以激励，并将该信用情况上传至全国信用信息共享平台，对于违反国家法律法规的单位及有关工作人员，相关部门会依法予以严惩，这将有利于构建完善的市场化债转股惩戒机制，规范企业及相关人员的行为。最后，构建全面监管体系，防止出现法律漏洞。相关监管部门等应积极配合，构建一项包括资产管理、定价、资产转让程序、股权变更程序、股权退出程序、失信行为惩戒等内容的规章制度，积极管理债权银行、不同背景的实施机构、转股企业和投资者，建立健全整个监管框架，归纳、整理降杠杆的相关信息，同时做出分析研究，及时有效地评估降杠杆等工作的效果。当有重大问题事件发生时，要第一时间上报国务院，防止因降杠杆工作产生金融风险，并扩散至股市、汇市、债市等金融市场。完善监管制度，积极合理地扩大监督管理范围，做到监管全面。对于风险事件要进行有效处理，坚决守住不发生系统性风险的底线不动摇。

五、加强债转股项目实施规模管理

市场化债转股一方面要协助落实去杠杆、去产能的目标，另一方面要对道德风险的防范和银行的风险承受力加以考虑。依据国外经验，要从单家企业、单家银行及整个银行体系三个维度对债转股的规模和比例加以确定。首先，设定好整个银行体系的债转股比例。政府应当密切关注银行业的总资产情况，对该比例的上限进行设定，同时要及时掌握国家宏观政策调控和经济发展的动态调整状况，防止市场化债转股对银行产生负面效应。依据国外经验，市场化债转股的比例最适合为不超过全部不良贷款的30%。其次，设定单家银行的债转股比例。政府对单家银行债转股比例的下限和上限进行规定，确保银行实施债转股的规模控制在合理范围内，积极防控金融风险。最后，设定单家企业的债转股比例。政府应根据使企业扭亏为盈的债转股份额，规定企业债转股比例的上限和下限，努力克服整个债转股过程中的逆向选择和道德风险。

参考文献

［1］John W P，Jonathan A Scott. A Closer look at stock-for-debt swaps［J］. Financial Analysis Journal，1985（41）：44-50.

［2］Kenan J. Far Eastern Economic Review［R］. The Last Resort，1998.

［3］Modigliani F，Miller M H. The cost of capital，corporation finance and the theory of investment［J］. The American Economic Review，1958（48）：261-297.

［4］卜建明. 当前市场化债转股模式、难点及出路［J］. 现代金融，2017（10）：23-24.

［5］卜祥傲. 债转股的风险控制研究［D］. 北京：对外经济贸易大学，2018.

［6］常华兵，秦思琦. 对供给侧改革“去杠杆”的财务学思考［J］. 当代会计，2018（10）：21-22.

［7］邓军. 政策性债转股企业股权管理和退出分析［J］. 现代经济信息，2018（14）：313-315.

［8］段勇，周子杭. 新时代中国经济的嬗变：从高速增长到高质量发展［J］. 江西理工大学学报，2018（2）：7-11.

［9］范丽红. 中国杠杆率高企的成因与去化对策研究［J］. 会计之友，2017（12）：72-73.

［10］黄欢. 市场化债转股法律制度研究［D］. 上海：华东政法大学，2017.

［11］焦昊阳. 市场化债转股在企业中的实施及效果研究［D］. 郑州：河南财经政法大学，2019.

［12］李冕. 市场化债转股：运行机理、风险与建议［J］. 武汉金融，

2017（1）：49-52.

［13］李晓叶.中国重工市场化债转股案例研究［D］.济南：山东师范大学，2019.

［14］林山，范立强.债转股：基于企业资本循环的理论与动因分析［J］.财经问题研究，2002（6）：12-15.

［15］刘国辉.债转股的国际经验及启示［J］.金融纵横，2016（8）：53-59.

［16］刘慧勇，赵克义，李艳锋.债转股理论政策与运作［M］.北京：中国物价出版社，2000.

［17］刘启迪，刘妍.主要国家推进债转股的做法及对我国的启示［J］.西部金融，2017（1）：25-27.

［18］刘伟.供给侧结构性改革：历史客观性、突出特点及制度创新要求［J］.河北经贸大学学报，2017（1）：1-4.

［19］娄飞鹏.商业银行不良贷款债转股的历史经验及实施建议［J］.西南金融，2016（6）：52-56.

［20］马萍萍，王焕智.债转股实施风险问题与退出机制研究［J］.中国市场，2018（3）：40-41.

［21］莫开伟.多渠道资金参与市场化债转股带来四大利好［N］.中国商报，2016-08-16.

［22］庞承斌.市场化债转股存在的问题及政策建议——转股企业视角［J］.现代经济信息，2020（4）：142-143.

［23］史颖.我国商业银行市场化债转股风险研究——以建设银行与武钢集团债转股为例［D］.昆明：云南财经大学，2019.

［24］舒超华.美国债转股的主要做法及启示［J］.河北金融，2019（2）：66-72.

［25］田亦馨.供给侧改革驱动国企管理会计创新发展研究［J］.现代商贸工业，2018（31）：120-121.

［26］王朝阳，陈晓辉，詹莹雨.债转股的国际借鉴［J］.中国银行业，2016（11）：36-38.

［27］王华萍.我国银行债转股发展培育机制研究［J］.西南金融，2016（8）：39-42.

［28］王信. 国际金融史上的债转股［J］. 中国金融，2016（12）：97-99.

［29］王育森. 新时代公司银行业务面临的机遇与挑战——基于产业结构转型升级视角［J］. 现代管理科学，2018（7）：84-86.

［30］徐平. 债转股实施的动因背景分析［J］. 北方经贸，2005（2）：23-26.

［31］许志超. 债转股供求理论与政策［M］. 北京：中国财政经济出版社，2004.

［32］叶文辉. 市场化债转股：国内外实践、存在问题和对策研究［J］. 国际金融，2017（8）：64-70.

［33］尹燕海. "债转股"利弊及新一轮债转股取向探讨［J］. 金融会计，2016（6）：73-77.

［34］张后军. 供给侧改革背景下国有企业财务管理转型［J］. 商业会计，2018（14）：55-56.

［35］张劲松，李波，沙涛. 市场化债转股指南［M］. 北京：中信出版集团，2017.

［36］张连起. 债转股审计：理论与实务［M］. 北京：经济科学出版社，2001.

［37］张振. 债务承担的性质认定问题研究［J］. 潍坊学院学报，2008（5）：55-58.

［38］周小川. 关于债转股的几个问题［J］. 经济社会体制比较，1999（11）：1-9.

［39］朱晓林. 本轮债转股业务中存在的问题及对策研究［J］. 西南金融，2018（3）：65-71.

［40］诸葛玉华，李文明. 僵尸企业处置的困境［J］. 中国金融，2018（18）：101.

［41］庄建伟. 市场化债转股若干问题浅析［J］. 煤炭科技，2018（1）：136-138.